自由で豊かな田舎暮らし、未来へ

—ローカルに生き、グローバルに考える—

里山ジイジ

まえがき

いま流行りのデュアルライフ（2拠点生活）を10年間続けてみました。広島の自宅から島根県の里山農場に週末毎に通って、町の便利な生活と田舎の快適な生活を同時に楽しむ。その生活資金は年金だけだから年金百姓とも言います。

人には居住の自由があります。便利な町にも快適な田舎にも、それぞれ良いところもあれば不自由な点もあります。その両方の良いとこ取りをして便利で快適な生活をしようという贅沢な話です。贅沢ではありますが大金は必要ありません。自由に使える時間があれば良いのです。実はお金持ちよりも時間持ちのほうが裕福なのです。

最初の5年間は開墾と耕すことで手一杯でした。年金百姓は手作業と有機農業が基本です。売る為ではなく家族が食べる程度の収穫があれば十分。だから山の落ち葉を集めて堆肥にし、人力だけで畑を耕すのが理想でした。しかし現実はあまりにも辛い労働だったので手押し耕転機の力を借りることにしました。

夏野菜はトマト・キューリ・ナス・オクラ・ズッキーニ・ミョーガなどが収穫出来ました。これらの野菜は何故かあの悪名高いイノシシも見逃してくれたのです。しかし、サツマイモやトウモロコシやエダマメは猪に喰われて全滅しました。

冬野菜は主にタマネギ。それも白玉ネギと赤玉ネギ。11月の初旬に玉ネギ苗を植え付けて半月もすると立派に立ち上がる。しかし、クリスマス頃になると最初の雪が降って苗は倒され、これが根雪となり3月頃まで埋もれてしまう。雪が解けるとまた成長を続け6月初旬頃には収穫できる。

後半の5年間は年金百姓にも慣れて、農作業の合間に少しずつものを書くことが出来るように成りました。書き始めてみると実に面白い。年金暮らしは自由で何と快適なことか。里山暮らしは何と面白いことか。ローカルに生きていながら、日本のこと世界のことをグローバルに考えることが出来る。こんな楽しいことは無い。

日本の田舎は封建的で人間関係にも会社関係にもすべて縦の序列がある。しかしこれは田舎だけではなく都会も同じで、実はこれこそ日本の民主主義を歪める根本的な欠陥ではないのか？　さらには、世界は力の原理で動いている。世界の常識では正義が力なのではなく、力が正義ではないのか？　こうした疑問が次々に湧いてくる。考えることは実に楽しい。こんな楽しい生き方を是非とも皆さんにお伝えしたい、という老婆心ならぬ老爺心からペンネームも里山ジイジということにした次第です。

自由で豊かな田舎暮らし、未来へ

―ローカルに生き、グローバルに考える―

目次

第2章　里山は豊かにして美しい　43

第3章 田舎から見る日本と世界 87

第4章 世界が動く、日本も変わる

第1章　年金世代は自由人

1．1　年金で自由が得られる

「年金だけじゃ暮らせないよ」と、誰しも言う。しかし、我々庶民は年金しかないのだから、それで暮らすしか他に方法はないのだ。もしも退職した時点で、幸運にも借金がなくて自宅があるなら、年金だけで暮らすことは可能だ。

逆に、もしも退職した時点で借金があって借家住まいだったら、それは福祉とか行政の援助が必要となる。日本は民主的福祉国家だ。社会的弱者やアンラッキーな人々に対して救いの手を差し伸べるのは国家として当然の義務だ、と思う。

しかしながら、借金なしの持ち家があるのに、「年金だけじゃ暮らせないよ！」とガーガーピーピー不平不満を言う人が大勢いる。それは心得違いというものだ。年金受給年齢、つまり65歳まで生きてきたら、誰だってそれ相応の知恵というものが有るだろう。つまり、現役時代には収入を増やすことを考えた。しかし今度は支出を減らすことを考えれば良い。たとえ貧しくとも自立自尊の、誇り高き年金生活は可能なのだ！

ところが人には妙な、間違ったプライドというものが有って、それが人の自由な生き方を阻害する。つまり、現役時代と同じライフスタイルを維持しようとするからうまくいかないのだ。今までの既成概念を廃し、恥も外聞も捨て、義理を欠き、人情だけ残して年金世代の新しいライフスタイルを創造しなければならない。

近頃は「断捨離」などという言葉が流行っているが、まさにそれ。不要なら、物もプライドも捨てる。中元・歳暮は廃止する。身内以外の冠婚葬祭は辞退する。高価なスポーツジムは辞める。遊ぶことだけを考える。アルバイトも遊びの一種だ。料理は自分でする。野菜も自分で作る。掃除洗濯も自分でやる。そうしないで、威張るだけの亭主は捨てられる。

ヨーロッパの人々は年配になると、「あと何年働いたら年金者になれるかな」と言って、ペンションライフ（年金生活）を楽しみにしている。彼らにとって年金生活は、自由と自立を手にするバラ色の人生なのだ。日本でも、平成の御代となって夫婦共稼ぎが当たり前なのだから、年取ったらそれぞれ年金を貰って自由と自立を謳歌すべきだ。

自由と自立は車の両輪のようなもの。親の保護下にある子供には自由も自立も無い。人は就職して初めて経済的自立を遂げる。しかし、今度は会社という圧力に自由が奪われる。定年退職して、人は初めて自由と自立を手にすることが出来る。誰の世話にもならず誰にも迷惑を掛けず、誇り高き年金者となって人は初めて自由人と呼ばれるのだ。

しかし、日本人の男は生活的自立が出来なくて妻に迷惑をかけるものが多い。生きているということには、衣食住全般の自立が必要だ。着れば洗濯が、食べれば食器洗いが、住めば掃除が必要になる。それらは男女別なく子供時代にシッカリ教育されなければならない。残念ながら現在の年金世代の男性はほとんど生活的自立が出来ていない。平成の世は男女平等の時代だ。年金も平等、家事負担も平等、遊びも平等。生活的自立、経済的自立、精神的自立それらがすべてできた上で、人は初めて自由人との称号を得ることが出来る。それが出来ないものを「濡れ落ち葉」という。

１．２　年金暮らしは経済原理ではなく、健康原理で

現役時代には収入増加と立身出世がセットになって、馬車馬のように働いた。それで収入も増え地位も上がったのだが、長い年月の間に健康を害してしまった、というのはよく聞く話だ。しかしそれでは何もならない。人生は自分と家族の為にあるのだから。

確かに今の地位と収入は会社のお蔭だ、だからと言って人生は私のものだ。これからまだ

長い老後があるのに、頼りになるのはもはや年金だけなのだ。それゆえ現役時代は経済原理でやってきたが、これからの年金時代は健康原理で生きてゆかねばならない。

それはどういうことかと言うと、今まではそれが儲かるか儲からないかの判断だったのが、これからはそれが健康に良いか悪いかの判断に代わるということだ。例えば、炊事・洗濯・掃除などの家事労働は適度な運動となって体に良いから、やるのだ。例えば、草むしりや庭の手入れや野菜作りは健康に良いから、やるのだ。うっすらと汗をかく程度の運動は健康にも良いし、また楽しいのだ。

健康に良いことは何でもやる。散歩、スポーツ、旅行、アウトドア、海・山・川の遊び、ゲートボール、本物のゴルフ、テニス、スキー、野球にソフトボール。何でもいいが、お金の掛かるものとそうでないものが有るから、何をやるかは懐具合と相談する。以前は田舎のテニスクラブでやっていたが、会員の中には前職自慢でやたらと威張る人がいて、くそ面白くないので辞めてしまった。

今では、春夏秋の野菜作りがメインで、冬場の積雪期にスキーをやるのが楽しみだ。皆さん御存知ないが、この辺、広島・島根の中国山地にはスキー場が20から30か所もあり、そのうち2、3か所は間違いなく長野県の1級スキー場にも引けを取らない雄大なスキー場が存在する。だから春夏秋は野菜作りで足腰鍛えて、雪が降ればゲレンデスキーを楽しむ。それも90歳まで現役スキーヤーで居ることが最大の目標だ。

その点で三浦雄一郎氏は年金世代のヒーローである。氏は常に我ら団塊世代の一歩先を走っていた。若い頃は冒険スキーヤー、年取ってはエベレスト登頂成功、70歳、75歳、80歳と三回も。その三浦氏も60歳代には肥満の為に心筋梗塞の危険があったという。彼の友人の医師から「お前、このままでは死ぬぞ！」と言われてから一念発起。「70歳にはエベレストに登ろう」という遠大にして無謀な計画を立て、何とそれを実現した。

三浦氏の生き方は、我々年金世代の見事なお手本ではないか。我々もついつい飲み過ぎ喰い過ぎで肥満になりがちだが、氏は毎日砂袋入りのリュックを背負って、苦しいトレーニングを続け、健康を回復し、以前より以上の体力をつけた。三浦氏は何故に地獄のようなトレーニングに耐えることができたのか？　それは「エベレストに登る」という喜び「快楽」があったからだ。快楽は人によってみな違う。或る人は酒場で飲むことが、或る人はスポーツすることが、或る人はギャンブルすることが、或る人は畑を耕すことが、或る人は絵を描くことが、或る人は……、つまり快楽は人によってみな違うのだ。

かくして、年金世代の行動原理は、経済原理ではなく健康原理と快楽原理だ。そのような、健康で楽しい生き方をする人のことをホモ・ルーデンス（遊戯人）という。

1.3 ① 定年の喪失感と開放感

定年退職すると人は誰でも、大きな喪失感と小さな開放感の狭間に立たされる。いざ退職してみると、何か失ったもののほうが大きくて、手にしたもののほうが小さいように思える。しかし、それは心得違いというものだ。失ったものは遺失利益とか、会社の肩書とか、ボスの地位とか、そんなものは初めからイリュージョンだったのだ。

手にしたもののほうが遥かに大きい。我々は長い時を経て再び自由を手にしたのだ。現役で働いていた時は自由などなかった。会社は利潤を追求するところ。役所は行政の末端を担うところ。どちらも上からの命令に絶対服従。コンプライアンスとか人道的見地とか、そんなこと考える余裕もなかった。それが賃金をもらうための絶対条件であった。だからと言って青春時代の自由とはただの放埓・我儘勝手に過ぎず、貧困と将来不安に満ちていた。

この地球には実に様々な人種や言語、豊かで多様な文化、何百万種、何千万種にも及ぶ動物や植物が存在するのに、現代に生きる我々は何とも貧しい単一価値の中で暮らしている。すなわち、豊かな価値多様性を無視して、経済的価値（ないしは金銭的価値）と言う単一価値を強いられているのだ。

だが、それは食う為、生きる為に仕方のないことであった。とりわけ現役世代には、生きる為、家族を養う為、子供に教育を受けさせる為に、やむを得ないことであった。だから金の為、少しでも儲かることの為に汗水たらし、時には涙を流して働いてきた。

　しかし、我ら年金世代はその苦しみから解放されたのだ。もう稼ぐ必要はない。金銭のために頭を下げる必要もない。但し、収入増加から支出減少へ、経済人間から遊戯人間へ、金銭管理から健康管理へ、豊かさから貧しさへ、野菜は購入から栽培へ、便利生活から不便生活へ、都会生活から田舎生活へ、会社の偉いさんからただのお百姓へ、ありとあらゆる価値観と理論的枠組みのパラダイム変換が必要なのだ。

　そして多様で個性的な価値を再発見すること。小川のせせらぎ、鳥の声。花の香りに風の音。それらは金銭評価のできない、紛れもない新しい価値なのだ。人には理解されずとも、私だけに意味のある価値というものがあるのだ。

　今ようやく本当の、大人の自由を手に入れたのだ。大人の自由とは自立のことだ。そしてそれには自己責任が伴う。自立なくして、自由なし。又は、責任なくして、自由なし。あの孔子にして70歳になってようやく「自らの欲する処によりて、法《のり》を超えず」（自由に生きていても、自然と自己責任の範囲内で生きられる）という境地に達した。団塊の世代なる老年の友よ、我らは遂に本当の自由を手にしたのだ。今やホモエコノミクス（経済人間）ではなくて、ホモルーデンス（遊戯人間）として楽しく、生き生きと、生きようではないか。生きるということは、生き生きとすることだ。

ホモサピエンスとは我ら現生人類のことで、「サピエンス（賢い）ホモ（人）」、または、「知恵ある人」とも訳される。しかし現代人はサピエンスから程遠く、むしろホモエコノミクス（経済人間）とでも呼んだほうがふさわしい程、カネカネ・マネーマネーに追われ、体力的に辛く、心理的にも惨めな生活を強いられているのだ。

1.3 ② ホモエコノミクスからホモルーデンスへ

人間にとって、「遊ぶことは働くことと同様に本質的なことだ」と我々に教えてくれたのがホイジンガだ。「人生は遊びから始まる」と言えば、皆さん怪訝に思うかもしれないが、何、子供の人生は紛れもなく遊びから始まる。子供の、その遊びをジックリ観察してみると、子供は何かに成り切って、どこか別の世界で夢中になって遊んでいる。ホイジンガは、遊びには三つの大きな特徴がある。つまり、「遊び」には特別な時間と、特別な空間と、特別なルールが必要であると、こう表現している。

この遊びに関する特徴は、日本における各地の祭りを見れば理解できる。祭りの時期になると町内にしめ縄を張って結界を作る。そのしめ縄の内側が特別な空間、つまり神様が訪れる場所となる。そして祭りは決まった日時、つまり特別な時間に執り行われる。そして、祭りの期間中は祭りの場所において、例えば水を掛けられたり、顔に墨を塗られたり、つまり、特別なルールが適用される。

この「遊び」の定義の上に、日本ではさらに「遊びは神事」であるという要素が加わる。それが象徴的に表れているのが「相撲」だ。元もと相撲は神代の時代の神事から始まった。それが後に様式化が進んで現在のような形になった。まず、相撲興業の期間は特別な時間である。次に、土俵の内側は御神域という特別な空間だと考えられる。そして相撲では、「土俵の外に出るか、足の裏以外が土に着いたら負け」という特別なルールがある。これはモンゴル相撲にもトルコのレスリングにも無い特別なものだ。

相撲では神事の証として、俵（稲わら）で土俵という結界を作る。土俵の中に入った力士はもはや人ではなく神となる。その為に、対戦の前に力士は塩を蒔き、水を使って土俵と自分を清めねばならない。このお清めの儀式に使う、稲（米）と塩と水は、我々が日常的に神棚にお供えするものと同じだ。つまり相撲は神事なのだ。

日本人にとって、田植え（労働）は神事である。そして祭り（遊び）も神事である。ゆえに労働は祭りであり遊びである、という三段論法が成立する。神代よりこのかた、日本人にとって労働は実りをもたらす神事であり、楽しい遊びでもあった。それが近代という概念や資本主義という様式が入って来ると、日本人の労働観が変質してしまった。現代の日本人にとって楽しい筈の労働が、今や辛い「奴隷労働」に成り下がってしまったのだ。

それでも高度経済成長時代までは、働けば働くほど豊かになれるという喜びがあった。しかし、バブル崩壊から長いデフレ期を経て現在になると、日本人の労働は何の喜びも潤いもない、つらい苦しいばかりのまるで奴隷のような有様となった。それは、長時間労働、厳しいノルマ、組織の過酷な人間支配などなどを意味するもので、働く喜びというものからは程遠いものになってしまったのだ。その背景には、経済合理性という単一価値や、グローバリズムという新たな脅威が考えられる。

日本人に限らず、人間には労働と遊びの調和が必要であり、快楽主義と禁欲主義のバランスが重要なのだ。昔の人は無意識のうちにそのバランスを取っていた。しかし、現代日本人は働くことは善であり、遊ぶことは悪であるかのごとき変てこなモラルによって常に脅迫されている。高度経済成長頃までは「よく遊び、よく学べ」ということが言われていた。しかし今現在では「よく学べ、よく学べ」しか言われなくなった。何故か？　これこそが資本主義の陰謀なのだ。勤勉なる、哀れなる日本人よ、この陰謀に騙されるな！

世界を見渡せば、この陰謀に騙されない人々や国々が沢山ある。例えば、ラテン系の人々のモラルは「まず遊んで、金が無くなったらしょうがないから働こう」というものだ。モラ彼ルというのは道徳ではなくて、士気のことだ。まず遊んで、士気を高めてから働くのだ。彼らの遊びの主流はグルメとファッションとアモールだ。これらを堪能すれば、幸せな気持ちになり、大いに士気も高まる。ラテン系の人々は何とも合理的ではないか。

それに反して、ゲルマン系の人々のモラルは「まず働いて、金が出来てから遊ぼう」というものだ。日本人は、この点だけを見て「日本人とドイツ人は勤勉でよく似ている」と言うが、実は全く違う。ドイツ人の目的は遊ぶことであって、働くことは手段に過ぎない。ところが日本人は、働くことが目的なのだ！　その背景には日本では長い歴史の中で、働くことと遊ぶことは同義で、どちらも神事であったという伝統がある。ところが西欧で労働と言えば、古代の奴隷労働に始まり、中世では農奴となり、近代では産業革命以来の哀れな搾取される労働者を意味する。西欧人にとって「労働」は楽しくないのだ。

ドイツ人は働くことが嫌いだから、残業などしない。退社時刻が来たら書きかけの書類があっても、途中で止めてサッサと帰る。商店の従業員は閉店30分前から商品の片づけを始め、5分前には着替えて、閉店時刻キッチリに外に出る。お客さんが閉店10分前に店に入ろうものなら、店員から怒られる「もう売る商品は有りません」　ドイツ人を始め西欧人は、決められた時間内に最高に能率を上げて仕事をこなす。従って労働効率は西欧の方がずっと良い。日本の労働効率は現在でも先進世界で最も低いと言われている。

今から半世紀も前、1970年代に著者自身が目撃したヨーロッパの現実は衝撃的であった。当時のEEC（ヨーロッパ経済共同体）域内では、正規雇用の労働者なら誰でも夏に4週間、冬に2週間のバカンスが取れる。実際にドイツ人は夏になるとキャンピングカーをベンツに引かせて、アルプスを越え南フランスやイタリア、遠くはスペインまで行って、海辺でノンビリ過ごす、というのがトレンドであった。

当時のドイツは東西に分割されていた。そのころ西ドイツと日本はGDP世界第二位の座を争っていた。日本の人口は1億2千万人程で、西ドイツは6500万人程だった。ドイツ人は決められた時間以上は働かない。かたや日本人は残業を目一杯やる上に、バカンスも無い。賢明なる読者には既にお分かりのように、当時の日本の労働効率は西ドイツの僅か二分の一だったのだ。何となれば、国民総生産（GDP）世界第二位を争っていた西ドイツは、人口は日本の半分しかないにも拘らず、日本と全く同等の生産力を誇っていたからだ。

そして今現在の「衝撃」は、あれから50年も経つのに日本ではバカンスも無い、有給休暇も名前だけ、女性の管理職はまだ数パーセント、待機児童対策も遅れ、長時間労働は無くならず、過労の為に自殺者がでる。こんなことで日本は先進国だなどと言えますか。（それでも2018年6月、「働き方改革法」が成立して、だいぶ改善されたようです）

1．4　メメントモーリ！（生きるために、死について考えよ！）

それは易しいことではない。しかしながら、義理を捨て体面を捨て、されど誰にも迷惑をかけず、限られた年金の範囲内で生活するのは、実はカッコイイ生き方なのだ。我々年金生活者にとって大切なことは、立身出世でもなければ栄耀栄華を求めることでもない。その反対で、現役時代に築いた地位・名誉・体面、それらを全部捨てて、いかに死ぬかという、メメントモーリ！（死について考えよ）と言うことだ。そうすると色々なことが見えてくる。

日本人男性の平均寿命が80歳を超えた（２０１４年8月）。男女平均では、ついに世界一になった。ということは、年金生活に入ってからまだ20年から30年ぐらい生きなければならないということだ。これは楽しみなのか苦しみなのか！　お金があって病気が無くて家庭にトラブルが無ければ楽しいかも知れない。

しかし65歳を過ぎて、病気のない人は殆どいない。家庭に何の問題のない人もいない。たいてい、夫婦のいさかいや子供の問題を抱えている。非行に走ったり、引き籠りになったり。自分や連れ合いが年取ることは悲しい。ましてや老老介護と言うことになれば悲惨ですらある。だから人生と言うものは、生老病死すべて苦しみなのだろうか。これでは年金生活になってから、長生きしたほうが良いのかどうか分からないことになる。

話は飛躍するが、古代エジプトの、ある役人の墓の墓碑銘にこんなことが書いてある。「私は生前に良いことを沢山しました。太陽神ラーを始め多くの神々への供物を欠かしたことはありません。私は役人として誠実に国への義務を果たしてきました。私は人民を大切にしてきました。私は奴隷を酷く扱ったりはしませんでした。私は悪いことは一切しませんでした。私は他にも良いことばかりをしました、云々閑々……」

古代エジプトでは、人は死後その魂が冥界の神オシリスの前に引き出されて裁判にかけられる、と信じられていた。オシリス神は善悪をつかさどる神で、オシリス法廷に引き出された魂の生前の善悪を審判する。その方法は、「天秤ばかり」の一方の皿には善の鳥の羽毛が一本おいてあり、もう一方の皿に審判中の魂の心臓を乗せる。善なる魂はこの羽毛よりも軽く、悪なる魂はこの羽毛よりも重い。

大抵の場合、汚れた心臓は重くて下がる。するとたちまち、この悪なる魂は、オシリス神の背後に控えていた怪物アメミットに喰われてしまい、二度と再びこの世に戻ってくることはできない。それが恐ろしいから、古代エジプト人は墓碑銘の中であんなにクドクドと「悪いことはしていません、悪いことは何もしていません」と、弁明しなければならなかったのだ。何か思い当たる節が、山ほどあったのだろう。ちなみにこの審判の神は、後にインドではユマ神、中国では閻魔と呼ばれることになる。こうして、人間の生前の行いが死後の世界を決定するという信仰のモデルになった。
古代エジプト人は生前の善行のご褒美として、この世に戻ってくることが許された。古代エジプト人にとって、この世は楽しいところであったらしい。しかし古代インドでは逆に生前の悪行の報い（懲罰）として、再びこの世に戻らねばならなかった。これをカルマ（因果律）という。古代インド人にとってこの世は苦しくて惨めなところであったらしい。

それらに比べて我ら原始古代の日本人即ち縄文人にとっては、そもそもこの世とあの世の区別は無く、善とか悪とかの条件なしに生まれ変わることが当たり前であった。緑滴る自然豊かな日本では、冬には枯れる草木も春には再び芽を吹くように、人も再び、いや何度でも生まれ変わると信じられていた。そして弥生人たちが稲作農耕を携えやって来て、やがて日本の国づくりが始まる。すると、天の神々がその子孫を地上に使わし、雨（須佐之男命）の後に太陽（天照大神）が出て実り豊かな瑞穂の国というイメージが定着した。

日本人にとっての輪廻転生観とは仏教が伝来するより遥か昔、アニミズムの縄文時代から当たり前のごく普通の考えであって、宗教的というよりもむしろ生活習慣の一部であると捉えた方がよい。だからと言う訳ではないが、生きている間もそんなに欲張らずとも、程々で良いではないか。この年になったら年金で細々と暮らせば良いのだ。もちろん現役世代はそうはいかないし、資本主義は世界的な規模で競争しているのだから負けるわけにはいかない。世界規模の資本主義はそのレベルで、国内の資本主義は庶民を犠牲にしない程度に、そして田舎では資本主義よりも原始共産主義が相応しい。

何を言っているのか分からなくなってきたが、とにかく死について考えるということはより良く生きるためなのだ。そして、より良く死ぬためには、（犯罪以外で）やりたいことはすべてやってしまったほうが良い。だから、安心立命の境地で死ぬためには、やり残しがあってはいけない。現役時代には余裕が無くて出来なかったことがいっぱいある。遊びも旅行も恋愛もスポーツも、全部やりきってから死にたいものだ。その為にはやはり「健康」が一番大事だ。二番目には、程々のお金があれば良い。

さらには、経済原理優先のため置き去りにされたもの、つまり経済効率が悪いために見送られたのだが、本当は大切なことが、沢山ある。健康のためにスポーツジム通いも結構。夫婦でジパング倶楽部の旅行も結構。オールドボーイ達の草野球も結構。オールドガール達の趣味の会も結構。孫に恵まれればなお結構。しかし、自分と家族や友達との楽しみも結構だが、何かこの国と地域社会に恩返しみたいなことも結構ではないか。

例えば、放置されている間伐材をどうするかという問題。日本全国の山林の間伐材をすべて計算すれば膨大な量になる。それらを無駄なくエネルギーとして活用すれば、原油や天然ガスの輸入を半減することも可能だ。そのためには甚大な人手とコストがかかる。しかし、年金生活者の人手のコストはゼロと仮定すれば、それも不可能ではない。自分の山小屋で薪ストーブを焚けば、微力ながらエネルギーを自力で生み出したことになる。何とも楽しい話ではないか。現代日本のエネルギー問題に積極参加することになる。

野菜も自分で栽培すれば、食料自給率の問題を考え、その増加のために微力ながら協力したことになる。田舎で生活すれば、大都市集中と過疎の問題を考え、その健全化にやはり進んで協力したことになる。人間は考えることも大切だが、微力でも実践するほうがもっと尊い。そうすれば、年金生活者でも価値ある生を送り、意味ある死を迎えることが出来るのではないだろうか。

1.5　野菜は自分で作る、その贅沢さ

年金生活者の収入は限られているから、いかにして支出を減らすかということが問題だ。食料自給自足の生活といえば理想的だが、生易しいことではない。理想の半分として50パーセントの自給でも難しい。しかしながら何パーセントかの食料が自給できたら、それは大変に価値あることだし、それはとても楽しいことだ。

その為の第一歩として、野菜作りに挑戦してみよう。お薦めは、意外にも「玉ネギづくり」だ。何故なら、玉ネギは虫が付かない、病気にならない、それに保存がきくからだ。玉ネギづくりは、初冬11月に始まる。昔は種苗店、今はホームセンターで玉ネギの苗が買える。年々高くなって今頃は100本束で500円ぐらい。

その前にやることがある。畑を耕して、堆肥とケーフンと石灰を入れて、畝を作る。素人の農業、遊びとしての農業は有機農業が基本だ。だから本当は、畝づくりの1年前に山の落ち葉を沢山集めて堆肥を作っておかなければならない。

とにかくこうして畝が出来たら、その上に穴あきマルチ（穴の開いた黒いビニール）をかける。マルチの効用は地温を高めて苗の生育を良くし、雑草を生えにくくすること。そうは言っても雑草は生えるから、その都度抜くべし。マルチの穴の間隔は15センチメートル。畝幅が狭ければ1列、広ければ2列植えられる。だから長さ7メートルで、幅90センチの畝に、1列なら50本そして2列なら100本の玉ネギが植えられる。

虫はつかないと言ったが、実は植えつけたばかりの玉ネギ苗が根元から切り倒されることがある。これは、ヨトウ虫の仕業だ。切られた苗の周りを少し掘ってみると黒っぽい変な芋虫が出てくる。これがヨトウ虫だ。こいつは潰す。11月の初旬に植え付けた玉ネギ苗は半月もすればしっかりと立ち上がってくる。こうなればもう安心、半年後には収穫できる。

ところがこの辺りは雪が降る。12月下旬、クリスマス寒波で降り積もった雪が根雪となり、その後何度も降る雪が50センチ程積もって、３月桃の節句頃まで玉ネギ畑を覆い隠す。哀れな玉ネギ苗は50センチもの雪に押しつぶされ、ペチャンコになって冬の間中ジット耐えている。玉ネギの、葉っぱの中のヌルヌルは雪の中でも凍えないよう頑張る薬なのだ。そして３月、雪が解けるとまたしっかりと立ち上がって成長を再開する。

玉ネギは雪の下でペチャンコになっていても、根っこだけはしっかり成長している。そして４月５月の２か月でグングン大きくなって根元に立派な玉ができる。５月下旬から６月初旬、今まで青々としていた玉ネギが突然に倒れはじめる。それが収穫の合図だ。とれたての新玉はみずみずしくて辛みがないから、他の野菜と合わせてサラダで頂くのが最高。

収穫した玉ネギは、軒下につるし、または平かごに入れて屋根の下で十分に乾燥させると、あと半年、師走の頃まで食べられる。年明けごろからは芽が出て、品質が劣化する。我が家では一家四人の、カレーライス、シチュー、肉じゃが、スパゲッティーなどの玉ネギは買ったことがない。これでも食料自給のごく一部を立派に担ったことになるし、玉ネギのアリシンは元気の源、ケルセチンは血液サラサラ効果満点と言うから、我ら中高年族には有り難い話ではないか。

1.6 共働きの時代

年金だけで暮らすというのが本章のテーマであるが、その前に、我ら庶民にとって平成の御代は既に共働きの時代になっていることを確認しておきたい。つまり年金も夫婦それぞれ受け取るということが、年金だけで暮らすことのもう一つの条件だ。

いつだったか政府は「100年安心年金制度」などと言っていたが、100年どころか50年も持たないような情勢になってきた。それには理由がある。年金制度を設計した当初には二つの、かなり楽観的な暗黙の前提があった。その一つは、日本の人口構成が緩やかなピラミッド型を維持するであろう。もう一つは、この制度が対象とする主たる家族モデルが「夫が働き、妻は専業主婦」というものだった。

しかし時代は、日本人の誰も予測できないほど早く進んで、ピラミッド型は崩れ共働きの時代になった。それと同時に結婚しない「おひとり様」世帯も増えてきた。こんなこと昔は誰も予測できなかったことだ。現政府および今後の政府は、年金制度を修正ないしは是正する努力が求められる。

そうは言っても、我ら既に年金を受給している世代は、現在ある年金の範囲で暮らしてゆく他はない。年金制度の確かな前提条件として、35年以上のあいだ月々の掛け金を支払い続けないと満額支給にはならないということだ。筆者（以下、里山ジイジ）の場合を少し申し述べると、満額ではなく半額ぐらい受給している。というのも若い頃のアルバイト暮らし（今で言うフリーター）や、外国暮らしが長くて、正規に就職して働いたのは40歳から60歳までの20年間しかなかったので、当然の結果として半額受給。

60歳で退職となったとき息子はまだ中1、娘は小5だった。家内がまだ正規に働いていたので、二つのことを目標にした。一つは私、ジイジ自身が「専業主夫になって、飯作りと子育てを受け持つ」、そしてもう一つは「里山に通って趣味的農業を始める」こと。それから7年たって家内が退職し、小生は今や目出度く「専業主夫」から解放されたが、「趣味的農業」はいよいよ本業となった。（但し、家内の年金支給はまだ数年先になる）

しかし今もって里山移住にはならない。里山に畑と山小屋を作って移住できる体制にはあるのだが、現在の生活もあるので完全移住はできない。そこで考えたのが「通い里山」というデュアルライフだ。週の半ばは便利な都市部の住宅で過ごし、週末の二・三日は水と空気の良い里山で趣味的農業をやる、という最も贅沢なライフスタイル。

人口減少に悩む中山間地の自治体が地域の活性化策として、人口増加を図るには二つの方法がある。一つは、働き口とセットで若い世代を呼び込む方法。これは近頃ブームで、自治体の「移住促進コーディネーター」が鍵となる。何といっても若い世代が経済活動の主役にならねばならない。もう一つは、働き口不要の年金世代を呼び込む方法だ。年金世代は、労働の役には立たないが、地域に多少のお金を落としてくれる。それよりも何よりも年金世代は、知恵と経験と有力な外部情報を持っている。その地域に元からある文化に着目し、外部の情報と融合させ、新たな文化または新たな経済活動（ベンチャービジネス）を生み出すという、創造力ないしは総合力を持っているのだ。

1.7 厄介な里山の動物たち

里山は日本中どこにもある。本格的な山と、町や村里との中間地帯。雑木林があってキノコや山菜などが採れる。昔は落ち葉や焚き木が取れて、入会権つまり村人の生活権として誰もが自由に立ち入ることが許された場所。村人や町の人から見ればふるさとの山でもある。しかし今はどの里山も所有権が確定していて、よそ者が自由に立ち入ることができない。たとえそれが我が町のふるさとの山であっても。

里山ジイジの場合もしかるべき手続きを経て、ここ島根県に僅かばかりの里山を手に入れ、僅かの畑と山小屋を作った。趣味の農業で、素人百姓だから怖いもの知らず。畑作り初年度の秋、サツマイモが良い具合に太ったので「明日あたり収穫しようか？」と思案していたら、

翌朝ごっそり掘り返されて、サツマイモはすべて喰われてしまった。「誰だ、こんなことする奴は！」それが言わずと知れたイノシシの仕業であった。

中山間地における鳥獣による農作物被害ということは以前から聞いてはいたが、これ程ひどいとは思いもしなかった。イノシシだけではないのだ、最もたちの悪いのがカラスだ。収穫物をゴッソリ持っていかれるのも辛いが、植え付けたばかりの幼い苗を食いちぎられるのはもっと悲しい。カラスと言うヤツは植え付けたばかりの苗をつついたり、若い果樹の枝を折ったり、小鳥の巣を襲ったりと、弱い者いじめをするヤツなのだ。

プロの農家はビニールハウスで野菜を作る。それは温度管理もさることながら、鳥獣害から作物を守るという意味もあったのだ。我ら素人はビニールハウスを使わない。農薬も化学肥料も使わない。肥料は里山の落ち葉とケーフンだけ。機械も手押しの耕耘機だけで、あとは鍬《くわ》と鋤《すき》（三角ホー）と鎌《かま》で手作業する。ただし、後に分かったことだが、里山の畑と雑木林でも「手押し耕耘機」と「草刈り機」と「チェーンソー」が素人農業の三種の神器として必要であった。

里山には他にもいろいろな動物がいる。キジは一匹の雄と数匹の雌で現れる。オスはギャーギャーというような大きな変な声で鳴くのですぐ分かる。キジも豆とか菜っ葉をつつきまわすが、人影を見ると藪の中に消えてしまう。野ウサギは茶色で大きくて特に後足が長い。野ウサギは農場のあちこちに大量の、丸い糞をまき散らす。有機肥料を蒔いてくれるので良いようだが、やはり菜っ葉や苗を食い荒らすので困る。

他には野ネズミが畑や果樹園にやたらとトンネルを掘りまくるので困る。その野ネズミを喰いに時々イタチが現れる。リスは雑木林の樹幹の辺りで新芽を喰いながら小枝などをしきりに落とすが、直接の害はないので、小鳥と同様にかわいい存在だ。

この里山にはシカとサルは現れないのが、せめてもの幸いだ。この両者が出てきたらもう素人農業は立ち行かない。この里山と県道一本挟んだ向こう側の山の集落にはサルが出没するので、そこの農家の皆さんは大変に迷惑している。先日、猟師さんに来てもらって二三発ぶっ放してもらったら、それから農家の庭先には近寄らなくなったそうだ。里山、中山間地では猟師さん、猟友会の皆さんは頼りになる有り難い人達だ。何よりもこの人達は、縄文時代から続く狩猟文化の継承者たちなのだ。

日本に稲作農業が伝来するよりも遥か昔（数千年前）から、この国には立派な狩猟文化と狩猟技術があった。その狩猟文化とは獲物の肉も皮も骨も無駄なく利用し、ひいては山地の獣類の増え過ぎを調整し、山林を獣類の食害から守るというようなものだった。しかし現在はこの大切な狩猟文化が消滅の危機に瀕している。だがしかし、つい最近、「日本の狩猟文化を守ろう。若い猟師さんを育てよう！」という動きが見られるようになってきた。

縄文時代の人は、「猪《イ》の肉《しし》、或は、鹿《カ》の肉《しし》」と呼んで鹿も猪も盛んに食べていた。しかし、いつの時代の頃か言葉としての「カのしし」は消えて「イのしし」だけが残り、ピッグとポークの反対の関係で現代にまで伝わったということだ。

ちかごろ「ジビエ料理」なるものが流行っているが、「何を今頃？」と言いたい。我々日本人にとってジビエ料理なぞ縄文時代のトレンドだったのだ。縄文時代だけではない。弥生時代も古墳時代も奈良・平安時代もその後もずっと、日本人はジビエ料理を愛していたのだが、江戸時代に檀家制度が整備された頃に状況が少しだけ変わった。

何しろ仏教では殺生禁断を表看板にしているので、建前上「四足動物を食べてはいけない」

ことになった。しかしそこは賢い日本人のこと、本音で「こんなに旨いもの止められるか！」とばかりに色々と考えた。イノシシのことは山クジラと呼び、ウサギに至っては「あれは四つ足ではネー、鳥ダーに！　昔から一羽二羽と数えるデネーか」と言い張った。

こうして賢い庶民は相も変わらず、鹿も猪も兎も熊も食べ続けていた。中でも熊のキモ（胆嚢）は名薬「熊の胆」として高値で取引された。ジビエ料理はヨーロッパの人々にとっても「精が付く」とか「セックスが強くなる」と信じられているが、日本人にとっても猟師さんの獲った獣肉は昔から「薬食い」として、「弱った病人も起き上がり、元気なものは精力絶倫になる」と信じられていた。

戦後もしばらくは「薬食い」が盛んだったのだが、高度経済成長頃から町の肉屋さんにも豚肉牛肉鶏肉が沢山並ぶようになって、庶民の「薬食い」は無くなっていった。需要が減少すれば供給も減少するのが資本主義の世の中。今度は専門の猟師さん「またぎ」が減少してきた。これが現代焦眉の問題なのだ。

もしも「またぎ」が居なくなれば、縄文時代から数千年間連綿と続いてきた由緒正しい日本の狩猟文化が衰退し、蓄積された山の知識や技術が消滅する。それが大問題なのだ。皆さん鹿肉・猪肉・熊肉・兎肉・雉肉を食べましょう。由緒正しい日本のジビエ料理を守るためには、猟師さん・精肉業者・料理店・地元自治体の連携が必要だ。誰か一人だけが儲けよう、などというケチな料簡は捨て、地域の皆さんが一致協力して、縄文時代から続く日本の狩猟文化を盛り立てよう。

まず、地域ごとに関係者が集まってルール作りをする。ジビエ肉可能な猟期、獲物の個体数管理、獲物の処理法、肉や皮の利用法、肉の保存法、流通方法、販売方法、料理法、料理店・レストランの指定。それから参加者全員への利益配分方法。自治体は衛生管理の行き届いた獣肉処理施設を作る。これらは元手が掛かるようだが、こうすれば必ずや地域の名物・名産になり、地域振興に貢献する。

1.8　老年よ、大志を抱け！（自立せよ、我欲を捨てよ）

少年ならば、大志とは立身出世とか栄耀栄華を求め、或いは人道主義に目覚めて世界人類に貢献するとか、ノーベル賞を目指すとか、不可能とも思われる何かを獲得しようと努力する、ということだろう。しかし老年の大志は違う。老年の大志とは、人の世話にならぬよう自立すること。そして、長い間にため込んだ不要なモノを捨てる覚悟のことだ。

断捨離とは、未練を断ち、名誉を捨て、物欲から離れること。別に仏教の専売特許ではない。日本人は大昔から、仏教や儒教が伝来するよりも遥か昔から、自然の摂理に従って断捨離的な生き方をしてきた。自然の摂理とは、バイオリズムと言っても良い。1年ならば春夏秋冬のリズムがあり、1日ならば朝昼夕夜のリズムがある。人の一生ならば、誕生・幼少年・青年・壮年・老年・死というリズムがある。

バイオリズムにも外側の自然（マクロコスモス、宇宙）と内側の自然（ミクロコスモス、人体）がある。人間はどんなに高度な文明を築いたとしても、動物の一種であることには変わりない。当然のこと人体は外部の自然の影響を受ける。というよりも本来は自然の一部であるはずの人間が、人間と自然の間に文化（文明を含む）というものを創り出したことが事態を複雑にしている。カルチャーとは元もと畑を耕すという意味だ。

大昔、例えば縄文時代としてみよう、人間が大自然の恩恵と脅威の中で暮らしていた頃は、生と死は隣り合わせで常にあった。だから古代人は死に直面しても、それは悲しいことではあるが、苦しみではなかった。苦しみと言うものは自然が人間に与えるものではなくて、人間が人間に与えるものが苦しみなのだ。大自然の中では、1日のリズム、1年のリズム、一生のリズムが当たり前のこととしてそこにあった。

だから日本人ならば、人の一生のバイオリズムに鑑み、ごく自然に断捨離という生き方ができる筈だ。つまり、老年になれば体力も気力も低下してくる。そこで、無用な物品や不要の見栄やどうにもならない未練など、捨ててしまったほうが楽になれる。老年の御同輩よ、いつまでも地位や名誉にしがみ付いてないでサッサと引退しよう。そして年金だけで自由に楽しく暮らすのだ。65歳を過ぎたら皆ジイジとバアバ。先輩も後輩も無い。偉いさんも下っ端も無い。老人は皆ーんな同じ。威張る程のことはないのだ。

老年の大志とは、まず、第一に健康面と経済面で自立すること。大病を患い寝たきりになれば、人に迷惑をかけることになる。だから自分で自分の健康を管理して、健康面で自立すると同時に、経済的にも、夫婦それぞれ自分の年金だけで生活できるよう自立する。

老年の大志、その第二は、断捨離を断行し物や地位に執着せず、人に対しては優しく、決して威張らず悠悠自適に生きること。そうしてこそ老人として愛され尊敬される。老人はモノ・カネ・メイヨに執着してはいけない。老年の大志、その第三は、能動的年金生活。受動的ではいけない。「年金がこれしかないから」ではなく、「年金がこれだけあるから、工夫をして」能動的に生きてゆく。昔どこかの国の大統領がこんなことを言った。「国があなたに何をしてくれるかではなく、あなたが国の為に何が出来るかが重要だ」。我々年金受給者が年金だけで立派に生きてゆくことが、お国の為に我々老年の出来る最大限の貢献なのだ。やり繰りするのは辛いが、工夫するのは楽しい。

しかし、断捨離だけでは人生面白くないではないか。全くそのとおり。禁欲主義と快楽主義のバランスが必要デス。なぜならば、快楽主義オンリーでは人間をダメにするし、禁欲主義オンリーでは人間をツブしてしまう。双方の程よいバランスが大切だ。このことは中庸の徳などと昔から言われているが、どの辺が中庸なのかは誰も教えてくれない。長い人生をやりながら、どの辺がその辺なのかを体得するしか他に方法がない。

我々庶民にとっては「貧乏暇なし」程度が、まことに程よいのだ。慣れない大金を手にすると、トチ狂って人生を台無しにするものだ。だから、生かさず殺さず程度の年金で丁度良い。我々庶民は料理でも掃除でも庭の草むしりでも、何でも自分でやらなければならない。それが適度の運動となって健康に良いのだ。自助自立の精神がなくなると、個人では体が弱り、国家では社会福祉費用が膨大になる。

だからと言って、たった1パーセントのエスタブリッシュメントが一国の政治と経済を支配しているとか、たった5%の大富豪が国民所得の大半を占有するなどと聞かされると、「何を理不尽な！」と怒りたくなる。人間が人間に対して巨大な格差（資産とか身分とか人種とか）を押し付けるとき、そしてそれを人々が意識したとき、人間の苦しみが始まる。我々庶民にも自尊心はある。一寸の虫にも五分の魂があるのだ。

今から少し前、日本で流行（２０１４）のトマ・ピケティ氏は「資本主義には資産格差を増大させる重大な欠陥がある」ということを膨大な資料で証明した。もちろん社会主義にも、共産主義にもそれぞれ重大な欠陥のあることは、我々老人でも知っている。資本主義と社会主義の中間の、程よい中庸とは、個人の中庸と同様で、どの辺が中庸なのか見極めが難しい。ヨーロッパではＥＵという理念で社会民主主義の壮大な実験をしている最中だ。

ところで断捨離に何か見返りはあるのだろうか。物質的金銭的な損得勘定から離れるからこそ断捨離であって、本来は無報酬、見返り無しが当たり前。しかし心の中に唯一の見返りがあるとすれば、それは「希望」だ。

世界にはありとあらゆる邪悪・不正・不公平がみなぎっている。戦争・テロ・暴力・殺人・詐欺・窃盗・嘘・欺瞞・ねたみ・そねみ・エトセトラ。すべての邪悪なるものは、一人の婦人がウッカリと禁断の箱のふたを開けてしまった為に、この世にドッと出現してしまったと、ギリシャ地方では信じられている。

しかしながら、このウッカリ婦人のパンドラさんは、ありとあらゆる邪悪なるものの最後に、「希望」をこの世に出現させてくれた恩人でもある。我々老人もまだ絶望することはない。希望さえあれば老人も生きられる。時間がまだ沢山ある若い人よりも、時間がもう無くなってしまった老人にこそ希望というものが必要なのだ。

「希望」とは、言葉は一つだが邪悪なるものの反対概念として、それらのものと同じかそれ以上の個別の沢山の希望がある。希望こそが、それこそ我々老人の「生きる希望」なのだ。ところが希望とは、これまた人によってみな違う。何が私の、何があなたの希望なのか、ジックリ考えてみよう。

1.9　P.P.K.は日本人の伝統的な死生観

PPKとは、「ピンピンと活動的に生きて、死ぬときはコロリと行こう」という、極めて日本人的な潔い死生観のことデス。ジイジの記憶では、昭和30年代か40年代頃に長野県のお年寄りたちが言い出した言葉、ないしは県民運動であったのではないかと思う。著者自身がその「お年寄り」の年齢になってみると、この言葉は含蓄あって身に染みる。

「子供に迷惑をかけたくない」とは誰しも思う、少なくとも我々前期高齢者（65歳から74歳）のうちは。ところが我々にとっても後期高齢者（75歳以上）とは未知の領域なのだ。先のことは分からない！　いつ自分自身が寝たきりになるか、全く分からないのだ。大病するか交通事故にあうか詐欺にかかるか配偶者が去ってゆくか？

自分が後期高齢者になった時、果たして「子供に迷惑をかけたくない」などと意識がハッキリしているかさえも分からないのだ。そこで人々は宗教とか保険とかにすがるということになる。「事故にあった時、ん千万円の保障が受けられますよ」、などと甘い言葉に騙されてはいけない。保険とは、タラレバの未知の世界の出来事に対する信仰に過ぎない。私が死んでから家族の誰かが大金を貰ったとしても、私自身は少しも嬉しくない。タラレバの未知の世界の恐怖に対して備えをしておくことは、賢い人のすることかも知れない。しかし、我々庶民にはそんな余裕すらない。それなら庶民はどうすれば良いのか。まず、一つ目の方法は、事故や事件に巻き込まれないように小心翼々と、用心深く生きること。同じく、病気にならないよう暴飲暴食を慎み、適度の運動を心掛ける。同じく、配偶者に逃げられないよう、相手に対して常にいたわりの心で接すること。

我々庶民にできるもう一つの方法が、ＰＰＫ的に生きることだ。つまり、「常日頃ピンピンと活動的に生き、死ぬ時が来たらコロっと行こう」と覚悟を決めて、あとは余計なことは考えない！　ＰＰＫ的に生きるとは、縄文時代から続く日本人の伝統的な生き方で、自然のバイオリズムに自分のバイオリズムを調和させ、生き生きと楽しく生きるという、単純素朴な生き方のことだ。

日本の縄文時代と同じ頃、古代インドではこれを「梵我一如」、すなわち梵（宇宙）と我（人間）の一致と呼び、古代ギリシャではマクロコスモス（宇宙）とミクロコスモス（人間）のハーモニーと呼んだ。ちなみに「梵我一如」とは仏教用語ではなく、もともとはバラモン教の概念であり、輪廻転生のカルマから脱出するための唯一の方法と考えられていた。何となれば古代インドでは、輪廻転生（生まれ変わること）がそもそも苦しみの始まりであり、生老病死から人生全般が苦しみであるとされていた。

古代ギリシャのコスモスも、古代インドの梵にしても、いずれも大自然のことを「宇宙」と言って観念的に捉えている。それらに比べて古代日本人、縄文人は大自然をそのままの自然、すなわち山であり海であり、川・小川・森・林・岩・石・雨・風・太陽、現実にそこにあるものとして捉えている。日本人にとって宇宙とは観念的なものではなくて、現実的でごく自然にそこにあるもののことだ。

ＰＰＫ的な素晴らしい生き方を再認識させてくれたのが、「ピンピンコロリの法則（初版２０１０）」という本の著者、星　旦二医師だ。近年は「医は算術なり」と考える医師が多い中で、「医は仁術なり」という医学本来のあり方を実践する本当の医師が、再び地域医療を中心に活動する世の中になってきたことは喜ばしいことだ。氏の著書を読むと、自然のバイオリズムに調和した人間のバイオリズムという日本人の伝統的な生き方が、現代医学の最新のデータで次々と証明されるという快感を味わうことが出来る。

「医は算術なり」と考える別のグループの医者たちが、世界一厳しいメタボ定義をデッチあげた。例えば、腹囲が男性85センチで女性が90センチなどは、世界の常識に反する上に、どう考えてもおかしい。例えば、過酷な最高血圧神話を作って、我々庶民は皆メタボで血圧が高い半病人ということにする。結果として高価な血圧降下剤を半永久的に買わされる。チョット血圧が高いと塩分のせいにするが、夏の暑い日に塩分を控えた為に熱中症になる人が続出する。働く人、スポーツする人には塩分が必要なのだ。

それでも、今どきの庶民は、「医は算術」組のそんな簡単なレトリックに騙されるほど馬鹿ではないし、無知でもない。我々庶民は、古代ギリシャの医聖ヒポクラテスの言葉も理解している。「メディクス　クラト、ナトゥラ　サナト（医者は施療し、自然が治す）」とは、人間に備わる自然治癒力が病を治すのであって、医者はあれこれ世話するだけの話だ。医師は自分を過大評価してはいけない。特に田舎では、医者は尊大で患者とのコミュニケーション能力もない。こんな医者を誰もホームドクターにしたいとは思わない。

「医は仁術なり」と考える本当の医者は今どき絶滅危惧種かと思っていたら、まだ他にも生存していた。近藤　誠医師は「医者に殺されない47の心得（初版2012）」という衝撃的なタイトルの本を世に出した。このとき我々庶民は諸手を挙げて拍手喝采した。このような「真実の書」の出現に感動したのだ。本書は、「我々庶民が常識的にどう考えてもおかしなこと」が、医者の権威の元に堂々とまかり通ってしまう、という現実に警鐘を鳴らした。

そのことで氏は同僚の医師や先輩の医師達から猛烈な反発や嫌がらせを受け、自らの出世を棒に振り、医学界から追放されそうになった。しかし、一部の良心的な医師と、大多数の庶民と、理性的なメディアが彼を支持した。それで彼は、医学賞ではないが、菊池寛賞という文学賞を受けた。これは単なる文学賞ではなくて、我々大多数の庶民が支持する「国民栄誉賞」なのだ。そして現在もこの本は売れ続けている。幸いなことに、この種の絶滅危惧種は大いに数を増やし続けて、我々庶民の生きる希望になっている。

そうなのだ、「希望」はここにもあった。我々庶民にとっての現実的な希望とは、或る人にとっては「健康」であり、或る人にとっては「家族愛」であり、或る人にとっては最低限の「お金」のことだ。「希望」とは、世界平和とか人類愛とか人種差別撤廃とか高尚な理想だけではない、庶民の小さな世俗的な思いだって立派な「生きる希望」になりうる。

第2章　里山は豊かにして美しい

2.1　デュアルライフという贅沢な選択肢

デュアルライフ、つまり通える里山があるということは、現代ではとても贅沢なことなのです。なぜならば、普段は便利な都会に住んでいて、ときどき緑豊かな里山に来て何日か過ごす。都会生活の利便性と田舎暮らしの快適性の両方を同時進行的に味わえるなんて、なんて贅沢で素敵なことでしょう。それが現代では、交通手段の発展と情報通信の発達によって可能なのです。

田舎と言っても色々で、町場もあれば村里や集落もある。山もあり谷もあり里山もある。里山というのは町はずれ村はずれの雑木林で、いよいよ本格的な山が始まる手前の、里と山の中間地帯。だから里山という。昔は「入会地」とも呼ばれ、村人たちが焚き木を拾い、キノコを採り、堆肥の為の落ち葉を集めたところ。そして山の動物たちも降りて来てウロウロと餌をさがすところでもある。

今まで住んできた町の生活を捨て思い切って里山移住、というのが理想かも知れないが、それもなかなか出来ることではない。町の暮らしには隣組や近所付き合い、買い物や病院通いなどもある。自立した筈の子供や孫たちの面倒も見なければならない。ましてや介護の必要な年寄りを抱えていては、里山移住など夢のまた夢のことだ。しかし何も可能性がない訳ではない。それがこれから提案するデュアルライフという方法だ。

雨の日には農作業が出来ないので行かない。里山には天気が良くて気持ちの良い日にだけ行けばよい。無理なく行ける里山だ。ところでいったい里山で何をするのか、それが問題だ。

第一の提案、小さな畑を作って農作業をする。第二の提案、雑木を切ってストーブの薪を作る。第三の提案、里山小屋を作って子や孫と泊まる。第四の提案、春には近くで山菜採り。第五の提案、夏には緑陰（木々の葉揺れる木陰）で昼寝。第六の提案、秋には紅葉狩り。第七の提案、冬には近場のスキー場でスキー三昧。第八の提案、車を出して近場の温泉巡り。第九の提案、森林浴・散歩・トレッキングなど幾らでもある。

「通い里山」を手に入れるには、借りるのが一番。日本全国どこの農山村に行っても空き家がある。その空き家の近くには畑があり雑木林もあるだろう。我ら前期高齢者がどう頑張っても、健康寿命と言って畑仕事が出来る年数は、あと5年か10年ぐらいのものだろう。だから土地や家を買う必要はない。空き家で十分だ。どこの自治体でも問い合わせればすぐに答えてくれる。

ところで「里山定住」出来る人は良いが、「通い里山」の場合はもう一つ条件がある。それは自宅から車で1時間以内の距離にあることだ。あまり遠いと億劫になりだんだん通わなくなる。あまり近いと新鮮味が無くて「通い里山」の醍醐味がなくなるというものだ。そこに小さな畑を作って野菜を育てる。農作業は自己流で良い。売り物を作るのは大変だが、自分と家族が食べるだけのものが出来ればいいのだ。

農作業をしていると村人が必ずアドバイスしてくれる。しかも村人Aさんと村人Bさんの言うことが違っている。そのうちAさんとBさんが喧嘩を始める、「そりゃあ、あんたの言うことが違ごうとる、ああじゃ、こうじゃ！」。どちらも親切で言ってくれるのだが、こちらはどうしたら良いか分からずオロオロする。どうやら、Aさんは（売り物を作るには）「こうせにゃあイケン」、そしてBさんは（家族で食べるだけなら）「これでエエじゃろ」と言っているらしい。二人の村人は前提条件の確認なしで喧嘩を始めたようだ。

都会もんから見て一般的に村人は親切か否か、という永遠の問題に対して答えは二通りある。「とにかく村人は素朴で親切だ」という意見と、「いや、村人は素朴に意地悪だ」という意見だが、どちらも正しい。素朴で親切な村人は始めの頃は有り難いのだが、後には彼らの素朴な善意の押し付けに悩まされることになる。また、素朴に意地悪な村人は始め取っ付きにくいが、後にはこの村人の言うことは正しかったと納得することになる。

なぜならば、田舎暮らしは色々な意味で厳しいのだ。第一に、気候も天候も荒々しいので、田舎暮らしそのものが厳しい。第二に、畑仕事に悪さをする動物たち、熊・鹿・猿・猪、カラスや野ネズ達のお蔭で農作業が厳しい。第三に、現金収入が乏しくて生活全般が厳しい。第四に、昔ながらの封建的な格差（序列・利権・家柄など）がまだまだ平成の世に残っていて、それで田舎暮らしは楽ではないどころか、相当に厳しいのだ。だから、村人との付き合いは、付かず離れず距離を置くのが丁度良い。

そうすると都会暮らしは楽なのかというと、そうではない。都会暮らしの方が実はもっと厳しいのだ。人も車も騒音も多くて、人々は常にイライラ・アクセクしなければならない。確かに、都会には現金収入の機会と遊び場は沢山ある。働けば現金も入るが、出てゆく金もまた実に多いのだ。つまりこういうことだ。都会の住環境と労働環境は劣悪だし、田舎特有の封建的格差も形を変えて都会にも存在する。

田舎暮らしをして分かったことは、日本は田舎も都会も同じ原理で動いているということ。当たり前の話だが、日本では田舎に封建的格差（序列・利権・家柄）があるように、大都会においても民主的ではない理不尽な格差が沢山存在する。それは政治の中枢にも、官僚の社会にも、経済の世界にも共通にみられるものだ。つまり、あらゆる巨大組織の中には小さな「ムラ社会」が存在し、そこでは日本的村社会特有の封建的な理不尽がまかり通っているということなのだ。

何しろ1945年8月まで日本に民主主義は存在しなかった。戦前の日本社会は身分差別の厳しい不平等社会だった。華族と平民という差別社会の中で、官尊民卑や男尊女卑などのさらなる差別が横行し、シビリアンコントロールの利かない軍国主義が幅を利かせていた。何しろ、軍の大元帥には現人神《あらひとがみ》としての天皇が座るという、何とも前近代的な迷信国家だったのだ。それが突如として、アメリカ軍の命令で「民主主義国家日本」が誕生した。こうして「戦後民主主義」が発足して約70年が経過した。その、日本で初めての「戦後民主主義」も、実はそれ以前に700年も続いた封建制度の強い影響を受けた、未熟で変則的な民主主義だった。

2.2　Uターン、Jターン、Iターン、孫ターン

Uターンというのは、地方で生まれ育った人が都会暮らしを経験してから再び生まれ故郷に帰って定着すること。だから職業さえ見つかれば、もともとのふる里には家も耕作地も里

山もある。一つ問題は親との折り合いをどうつけるか、だけだ。もともと親との折り合いが悪くて故郷を飛び出した、という人は多い。Uターンして、親と同居して農業を生業とすることが出来れば一番幸せなことだが、なかなか難しい。

現実的には、親と同居するのではなくて、本人は都会でサラリーマン生活をしながら、時々古里に帰って農業を手伝う。この例は実際に多くて、田植えは5月のゴールデンウィークに行い、お盆には先祖供養と夏祭りと同窓会、秋のシルバーウィークには稲刈りをして、暮れ正月には三世代四世代で楽しく過ごす。こんな絵にかいたような幸せな農家が沢山ある反面、もはや後継者が居なくて「農業はワシ一代で仕舞いジャ」というような例もまた沢山ある。

Uターンの理想形は、親世代の農業引退と本人の会社退職時期がうまく一致することだ。70代で頑張る農家に、早期退職で合わせる息子または娘の夫婦が戻ってきて農業を継いでくれればこんな良いことはない。

Jターンというのは、上記のようなUターンのつもりがどこか途中の町か村に定着して、ふる里にまで届かないケースを言う。その裏には愛してしまった男か、或いは愛されてしまった女の存在が大きい。いずれにせよ故郷、ふる里というものは懐かしい山や川の風景だけではない。そこには懐かしい人々の存在が必要だ。自分に優しくしてくれた人々は懐かしく、自分に辛く当たった人は懐かしくない。

Ｉターンの I の字にはターン（転回）の意味はない。つまり、ふる里に「帰る」という意味はないのだが、Ｉターンという言葉は何故か定着している。つまり、こういうことだ、「そこが私の行くべき土地、いや、帰るべき土地である。そこには私の愛する人が居るから、または、愛する人とともに行くべき土地だから」だから私は I の字だろうと何だろうとそこに帰るのだ。ローマ人曰く、「ウビ　ベーネ、イビ　パトリア。（良き所、そこが祖国だ）」良き所とは勿論、良き人つまり愛する人が居るところに違いない。

孫ターンというのは、文字通り孫の代になってから、その親が飛び出した筈の故郷に帰ってきて農業に従事することを言う。爺ちゃんから農業を習いながら、孫が小さな森の喫茶店を経営するなんてケースもある。同じく農業を習いながら、孫娘が小さなケーキ屋さんを営むなんてケースもある。孫の世代はスマホにパソコンなど情報機器に堪能で、農業の６次産業化（生産×加工×販売）の強力な助っ人になりうる。

ここで強調したいことは、U・J・I・孫ターンの人達は必ずや村おこし、町おこしのキーパーソンになるということだ。何故ならば、この人達は故郷の内と外の情報に精通しており、内側の伝統を残しながら、外側からのパワーを導入することが出来るからだ。昔から村おこし、町おこしに必要な人材は、「若者・よそ者・バカ者の三者」だと言われている。

まず「若者」、若い人の無限のエネルギーとパワーが必要だ。次に、「よそ者」とは、外部の知識・情報に長けた人のことであり、最後に、「バカ者」と呼ばれるほどの奇想天外な発想の持ち主が必要なのだ。

しかしながら、若い人たちは経済的自立と華やかさを求めて喧騒の都会に出る。地方から都会への人口流出は今に始まったことではない。人口流出の原因は色々あるのだが、これを経済的、社会的、個人的レベルで考えてみる。

まず、第一の経済的レベルで考えてみると、田舎には就職口がない。周囲は山と田んぼと畑ばかりで、工場・会社・商店・事業所がない。当たり前の話だが、就職口もアルバイト先も無く、つまり現金収入の方法が見当たらないということだ。だから国は、地方自治体による企業誘致というものを、本気で支援しなければならない。企業の側も都会で成功したならば、その勢いを駆って故郷に錦を飾る、つまり凱旋Uターンして頂きたい。現代社会は情報通信と交通網が発達していて、ものによっては田舎でも企業経営が十分に成り立つ時代なのだ。

第二の社会的レベルで比較してみると、都会の開放的で流動的なのに対して、田舎は閉鎖的で固定的。どちらが良いとか悪いとかは簡単には言えないが、これが日本の農業の近代化を阻害していることは間違いない。日本全国都道府県に新設された「農地中間管理機構（農地集積バンク）」が仲介して、やる気のある農家や法人に、耕作放棄地や人手の足りない農地を貸し出そうとしても、既存の農家は貸し出しに応じようとはしない。

今現在（２０１５．02．01）で貸し付けのメドが立っているのは、目標の１割の１万２千ヘクタールだという。これが田舎の閉鎖的で固定的の最たるものだ。田舎の人は閉鎖的だから顔見知りの内輪の人だけで農地を独占したい。さらに、田舎の人は固定的だから封建的序列が崩れることを恐れる。やる気のある農家やよそ者の法人が成功すれば、自分たちの今ある序列が相対的に低下するのだ。

第三の個人的レベルの面では、田舎には今でも封建的な格差（序列・利権・家柄）というものが根強く残っている。それは馬鹿馬鹿しいことだが本当の話。村社会には序列というものが歴然と残っていて誰もこれを変えられない。そして、この序列の上位の者だけが利権を独占しているのだ。

まず以て、田舎では村会議員・町会議員が自分は権力者だと誤解している。ましてや村長・町長ともなれば昔の殿様かと勘違いして威張る者も居る。役場の公務員は地域のエリートだと錯覚し、ましてや課長・部長ともなれば権力者の一員だと誤解している。地域産業の社長の中には、自分は地域の大ボスで権力者だと誤認する者も居る。

さらに田舎では今でもＪＡ全農が絶大な権力を持っていて、地域農協と田舎の農業全般を支配している。第一に、全農が農業用資材と肥料・農薬を独占して、各農家はそれを高く買わされる。第二に、全農は委託販売方式で各農家から割高なマージンを取っている。第三に、全農は、地域農協バンクと金融事業を支配している。つまりJA全農は最早時代遅れの無用の長物。各地域農協は自立・独立採算・農協連絡協議会を目指すべき時だ。

2.3 ① 帰りなん、いざ田園の居に、田園まさに荒れんとす

誰でも知っている陶淵明「帰去来の辞」の一節。随分と昔の漢詩だが、これこそまさに現代人の望郷の念を表している。望郷の念とは、理想郷を求める正の側面と、捨てた筈の故郷への贖罪という負の側面がある。都会暮らしは「良い面ばかりではない、悪い面もたくさんある」と覚って、さらに幸福を求めて世界を巡っている内に、気が付いてみたら何と「幸福の青い鳥」は元のふる里に居た。

そのような幸せな場合もあるが、捨てた筈のふる里に対して何か済まないような贖罪の気持ちがありながら、まだ都会暮らしを続けている人々も居る。そのような人の心の中には常に「田園まさに荒れんとす！」という心理が働いている。

しかしながら、U・J・Iターン組がいつも幸せとは限らない。田舎の人は固定的で閉鎖

的だから、ターン組がもたらす外部情報を受け入れない場合もある。何故なら、その外部情報が村の封建的序列を破壊するかもしれないからだ。それ故、ターン組が新知識・新情報ゆえに、村人から嫌がらせやいじめを受けることもある。近頃、山口県で起きた村人連続殺人事件などにもこうした背景がある。

ところで、人はみな根源的な望郷の念を持っている。人はみな本質的に遠きもの、古きもの、遥かなるものへの無限の憧憬を持っている。しかし普段の生活があまりにも忙しいので、そのことを忘れているだけなのだ。そして遠きもの古きもの遥かなるものを求める心よりも、捨てた筈のふる里を思う贖罪の心の方がさらにずしりと重い。だから我々が「田園まさに荒れんとす」と感じるのは日本全国で、耕作放棄地が増え続けていることや、山林で間伐材が放置されていることなど、農林業の近代化が進まない様々な状況を指すのであって、心に描く理想郷が本当の理想郷になっていないことへの憂いがある。

例えば、近ごろ耕作放棄地にソーラーパネルを設置することが流行っているが、そんなこと「田の神様」は決して望んでいない。いい加減な工事のソーラーパネルが風で吹き飛ばされて畑を荒らしたり、大雨で土台まわりの土砂が流されて道路が遮断されたりで、近隣の人々はみな迷惑している。そしてソーラーパネルの最大の欠点は、利益が一人の個人に集中するだけで、雇用も生まず、地元住民には何の恩恵も生まない。ソーラーパネルは貧富の格差を拡大させるだけだ。

「田の神様」が望んでいるのは、人々が汗を流して働くこと、田や畑の実りで皆が豊かになることだ。減反政策で米が作れないなら飼料用米を作ればいい。日本は外国から高い飼料を輸入しているのだから。また働き手が無くて耕せないなら、人に貸せば良い。やる気のある人は幾らでもいるし、会社でも良い。会社は利益を上げることによって、地域に雇用を生み出し、地域の人々に利益を還元することが出来る。田や畑が豊作になれば、その所有者も働く人も豊かになれる。その地域全体が豊かになることを「田の神様」は望んでおられるのだ。広大で利用価値のない砂漠ならいざ知らず、日本のような太陽と雨に恵まれた豊饒な土地にソーラーパネルは似合わない。

2.3 ② 21世紀型の民主的な山林事業モデル「真庭市」

「山の神様」もソーラーパネルなど望んでいない。「山の神様」は切り倒されたままの間伐材が日本中の山で放置され、利用されずに朽ち果ててゆくのを憂えて居られる。現在の日本の山では、数万円・数十万円の値の付く木材は利用されるが、値の付かない間伐材は切り倒されたその場所でそのまま朽ち果てる。勿体ない話だ。日本中の山で放置されている間伐材をすべて無駄なく利用して、例えば木材チップにして火力発電に活用すれば環境にも優しく経済にも貢献する。

間伐材利用の発電事業が成功すれば地域に雇用が生まれ、小規模な山林農家にも収入の道が開け地域全体が潤う。２０１５年、岡山県真庭市で実際の成功事例が生まれた。真庭市は地元の建材メーカー「銘建工業」とタイアップして地域全員参加型の、言わば21世紀型の、「木材発電事業モデル」を創り上げた。真庭市は、地域に元からある業者、例えば木材業者・製材業者・建材メーカー・木材運搬業者・林業組合や大小の山林農家など、利害関係者全員参加で１００万キロワットの大発電事業に成功したのだ。

銘建工業はＣＬＴ材のメーカーであることは知られている。「クロス　ラミネイティドティンバー」とは、縦と横の板を縦横に張り合わせて製造した壁材・床材のこと。ヨーロッパでは、ＣＬＴ材を用いた壁・床工法の家やビルが既に建てられて利用されている。10階建て以下のビルディングならＯＫで、鉄筋コンクリート建てと比べて何も違わない。耐震性も耐火性も十分で何の見劣りもしない。しかし日本ではまだあまり普及していない。

何故か、理由は沢山ある。日本の伝統的な木造建築では高価な柱や梁を珍重して「壁床工法」を好まない。木材業者も製材業者も金になる柱や梁になる木材だけを扱って、ＣＬＴ材には見向きもしない。ＣＬＴ材を用いた個人住宅やビルディングに対する国民の理解が進まない。経済産業省もＣＬＴ材使用の住宅やビルディングの規制をなかなか緩和しない。既存の建設業やゼネコンがＣＬＴ材の普及を邪魔する、などなど。せっかく技術革新が成されても、人々の意識改革と社会の制度改革が進まなければ、新しい技術は生かされない。

銘建工業は十数年前、廃棄される木材の端切れやオガ屑カンナ屑を市のゴミ焼却に出すことを止めて、それらすべてを工場内の「木材チップ発電所」で燃やすことにした。それまで千数百万円必要だった焼却費が、逆に自社工場の全電源を賄ってなお余りある黒字に転じた。建材メーカーとしてはこのシステムだけでも黒字の優良事業モデルとなるのだが、ここの社長は人徳を以て、この事業モデルを地域全体の利益の為に活用した。それで前述のように、山林に係わるすべての人々に恩恵が行き渡った。

この事業モデルの肝要な点は、地域に木材集積センターを設けて、地元の山林農家の人達が自分で切り出した間伐材を自分の軽トラで持ち込めるようにしたことだ。このことにより、資本力のある木材業者だけでなく、個々の山林農家の皆さんも１００万キロワットの大発電事業に参加できるようになったことだ。

真庭市域内の間伐材・未利用材だけで１００万キロワットの発電が出来るのだから、日本中の市町村でこのような間伐材利用の、全員参加型の「木材チップ発電」が実現出来れば、遠いアラブの国から高いアブラを莫大輸入しなくても済むだろうし、原発も減らせるだろう。

何よりも21世紀型の民主主義、すなわち利害関係者全員の徹底的な話し合いによって決め、利害関係者全員に恩恵が行き渡るという、そういう民主主義が実現したのだ。この事実は我ら「ふる里を思う者」にとって「希望の光」だ。

新しいプロジェクトを成功させる為には、技術革新・意識改革・社会変革がセットで必要なのだが、真庭市民は見事に成功させた。地域にボスは必要ない。利権を独占してはいけない。山の幸を地域の皆で分かち合うことを山の神々は望んでおられる。まず平等な立場の市民が、予想される利害について徹底的に話し合うことだ。隠し事をしてはいけない。すべてを話し合いで決め、利害関係者全員が参加でき、すべての人の立場を認める、そういう土壌は日本人の中に元々あるものだ。すなわち日本人の起源は縄文人にあり、長老たちが集まって物事を（いわば民主的に）決めていたのだ。

日本列島に1万年ほど前から住んでいたと思われる縄文人には所有とか独占とかの考えは無かったようだ。何故ならば、山とか森とか川とか野原とか土地などは誰か人間の所有物ではなくて、神々の物というよりも、神々そのものだったからだ。従って、海・山・森・川・野原で採れるものと捕れるものはみなで平等に分けた。彼らのリーダーはボスでも権力者でもなく、穏やかな長老たちであった。

日本列島に権力者が現れるのは稲作農耕が本格化する弥生時代になってからで、国家というものが出現するのは古墳時代になってからだ。縄文時代はある種の原始共産制が行われて、野山で皆が働き、獲物や収穫物は皆で分けた。縄文時代、いやそれ以前からそこにある日本の国土、その海・山・川・森・野原の恵みは、地域の皆で分け合おうではないか。対価を払うのはその労働に対してであり、誰かが大自然の富を独占することを、海・山・川・野原の神々は望んでおられない。

2.4 別荘ではない、出作り小屋だ！

昔、と言っても70年ほど前までは「出作り」という言葉があった。出作りとは、村や町から遠く離れた山の中に畑を作って作物を栽培することを言う。その頃、一般の人々はまだほとんど徒歩で暮らしていた。だから遠く離れた山の中に行くのに半日も一日も掛かって、到着してからそこでやっと畑仕事をする。当然その日は家に帰ることが出来ない。それで人々はそこに雨露をしのぐ小屋を建てた。それを「出作り小屋」という。

現代ではそうした出作り小屋のことを、ウィークエンドハウス（英語）とか、ガルテンハオス（独語）とか、ダーチャ（露語）とか呼んでいる。日陰を作って休むだけの小屋もあれば、寝泊りシャワー付きの小屋もあれば、２ＬＤＫ水洗トイレ付きの小屋もある。最近、日

本ではこのような小型住居と小さな畑をセットにして、年額40万円程度でレンタルしてくれるところもある。便利な世の中になったものだ。
　とにかく別荘と呼べるようなものではないが、「出作り小屋」が必要なのだ。それぞれの懐具合、各人の経済事情によって適当な小屋を建てればよろしい。そもそも別荘などという言葉の響きが悪い。別荘などというものは、よほどの大金持ちか権力者か不労所得のある人が持つものであって、我々庶民フツーの人ただの労働者が持てる代物ではない。とは言いながら、我々庶民でも「出作り小屋は」どうしても必要なのだ。
　出作り小屋に一晩泊まってみると、風のそよぎ木々のゆらめき小鳥の声、谷川のせせらぎ、雨は降り雪が降り風も吹き小枝が揺れて葉っぱがさわぐ。暑さ寒さが直接ひびき、木の香り花の香り落ち葉の香りがする。これらすべてがリラクゼーション。都会の喧騒の中で擦り減ってしまった我々の神経を癒し、人々の精神を浄化してくれる。

出作り小屋には少々の農機具を買い揃えるが、素人農業の基本は手作業だ。もう少し多めにやりたい人には三種の神器、手押し耕耘機・刈り払い機・チェーンソーが必要となる。手押し耕耘機で畑を起こしたら鍬《くわ》で畝を作る。鍬を使いこなすようになるのに3年はかかる。斜め後ろを向いて鍬を構え、しかも真っ直ぐな畝を作りながら後ろに進んでゆく。真っ直ぐで同じ幅の畝を何本も作るなどとは、とても素人のなせる業ではない。

畝幅は90センチ、長さは7メートル程。我ら前期高齢者は半分の3メートルも掘り返すと息が挙がる。立ち止まってゼイゼイあえぐ。しばらくしてまた掘りはじめ、7メートル進んでまたゼイゼイ。腰が痛い腕が痛い肩が痛い。畝の深さも一度の鍬づかいでは10センチ程しか掘れない。二度目に掛かる、これでようやく20センチ程の深さ。まだ足りない。三度目の鍬使いでようやく30センチ程度の深さになった。

ここに前年に蓄えておいた落ち葉をタップリ入れる。次にケーフンと石灰を入れる。そして土を掛ける。土掛けは鍬よりも三角ホーが便利だ。ちなみにこの三角ホーという農機具はとても使い勝手が良くて、草取りや土寄せには無くてはならない代物だ。やっと一本の畝が

完成するのに2時間もかかったのだが、素人農業はこれで良い。ノーリツではない、楽しみでやっているのだ。だから、すべて露地栽培でビニールハウスは使わない。

こうして半日も作業すると体が動かなくなる。だから小屋に帰ってシャワーを浴びて昼飯を食ってから昼寝する。だからこそ出作り小屋が必要なのだ。雨露しのぐ程度で良いとは言いながら、そこは現代の話、シャワーぐらい欲しい。最低限のインフラ設備、電気・井戸または簡易水道などはどうしても必要だ。合併浄化槽設備の水洗トイレなど有ればなお良い。これらは決して贅沢ではない、現代の出作り小屋には必要不可欠の設備と言える。

前期高齢者、または団塊の世代と呼ばれる我ら中高年の体力はどのくらいかと言うと、正直なところ、働き盛りの若い人の半分以下だ。畑仕事というものは重労働だから、1日働いたら次の日は必ず休まなければならない。もし毎日続けようと思うならば、半日で仕事仕舞いにしなければならない。趣味でやる農業は楽しむべきで苦しむ必要はない。無理をしてはいけない、強がってもいけない、年寄りのくせに見栄を張るのはなおいけない。

昔ユダヤの民がエジプトの奴隷だった頃、あまりにも過酷な重労働ゆえの怪我人や病気の者が多くて苦しんでいた。このままではいけない、民が滅んでしまう。或る知恵者がエジプトの支配者に言った。「我らは週に一日を休むことにする。何もサボル訳ではない。我らの神が我らにそう命じているのだ。この日は神にささげる日だから、一切の労働が禁じられ、食事の為に火を使うことも禁じられている。但し、そこにある物だけは食べる」

さすがのエジプト人も、サボル訳ではないが神にささげる為の日だ、と言われれば禁ずるわけにもいかない。それで、七日に一度の休日というものが許されることになった。週に一日休むことによって、怪我や病気が減り仕事の能率もアップした。だからエジプト人も、これは良い習慣だと気が付いた。こうして、この良き習慣は人々に認識され、ユダヤ教のみならず、その後のキリスト教やイスラム教にも受け継がれてゆく素晴らしい伝統となった。

閑話休題。

2.5　薪ストーブの楽しみと薪づくりの苦しみ

薪ストーブと言っても、北欧や北米のゴージャスなものではない、日本の鋳物メーカーが中国で作らせた薪ストーブのこと。これなら4万円から5万円ぐらいで買える。何しろ北欧北米の薪ストーブと言ったら40万円から50万円、さらにはそれ以上する。専用の煙突を取り付けると、さらに60万円から90万円ぐらい掛かる。しかも洒落たリビングルームに設置しようとすれば、フローリングの上にレンガやタイルを張って断熱工事をしなければならない。その費用がさらに50万円。合計で百万円から二百万円は掛かる。

そういう話をしているのではない。そもそもオシャレな家のフローリングの上に薪ストーブを設置しようなどという発想が良くない。そういう考えは実用ではなく、非常に高価な装飾という発想なのだ。今からお話しするのは全く実用的な話。まず以て薪ストーブは土間ないしはコンクリート床の上に設置されねばならない。そして煙突はメガネ石などと言われる穴あきコンクリートの中を通して、火災防止を考える。

次に薪の問題だが、薪たばの中にはいろいろな虫（例えば、アリ・カミキリ・カメムシ・ムカデなど）が潜んでいて、これらが急に飛び出してきて怖い思いをすることがある。それに薪からは木屑・ドロ・砂などのゴミが沢山出て来て床をよごすのだ。とてもおシャレなリビングで扱える代物ではない。

出作り小屋ないしは農作業用の簡易住居には必ず土間（コンクリート張り）を設けて、安全に薪ストーブが使えるようにすべきだ。さて、我々庶民でも買える中国製の薪ストーブだがダルマ型と箱形があり、それぞれに一長一短がある。

ダルマ型は我ら団塊世代には懐かしい、小中学校で使ったことのある、あのダルマストーブと同じだ。これはもともと石炭用に作られたもので薪を燃やすにはコツがある。ストーブ内底にはスノコと呼ばれる鉄格子があって、その上に密着して石炭がよく燃える。しかし長めの薪を燃やす場合、薪がストーブの中で斜めに立ってしまい不完全燃焼することがある。だから薪は短く（20センチ位）切って、スノコに密着するようにすると、完全燃焼して灰が全部スノコの下に落ちる。

箱形にはスノコというものは無く、鉄の箱の中に長い薪を寝かせて燃やす。するとだんだん灰が溜まって、おき炭が灰に埋もれて燃えずに残る。長時間燃やしていると、おき炭と灰が増えてストーブが詰る。この灰とおき炭を熱いうちにストーブから取り出して、金属製のバケツに入れておくと、おき炭の火は消えず燃えているから火災に注意が必要。この燃え残りの灰とおき炭は、翌日ストーブが冷えてから取り出さなければならない。

さて、こうした火災に対する注意を払った上で、薪ストーブとは実に楽しいものだ。石油

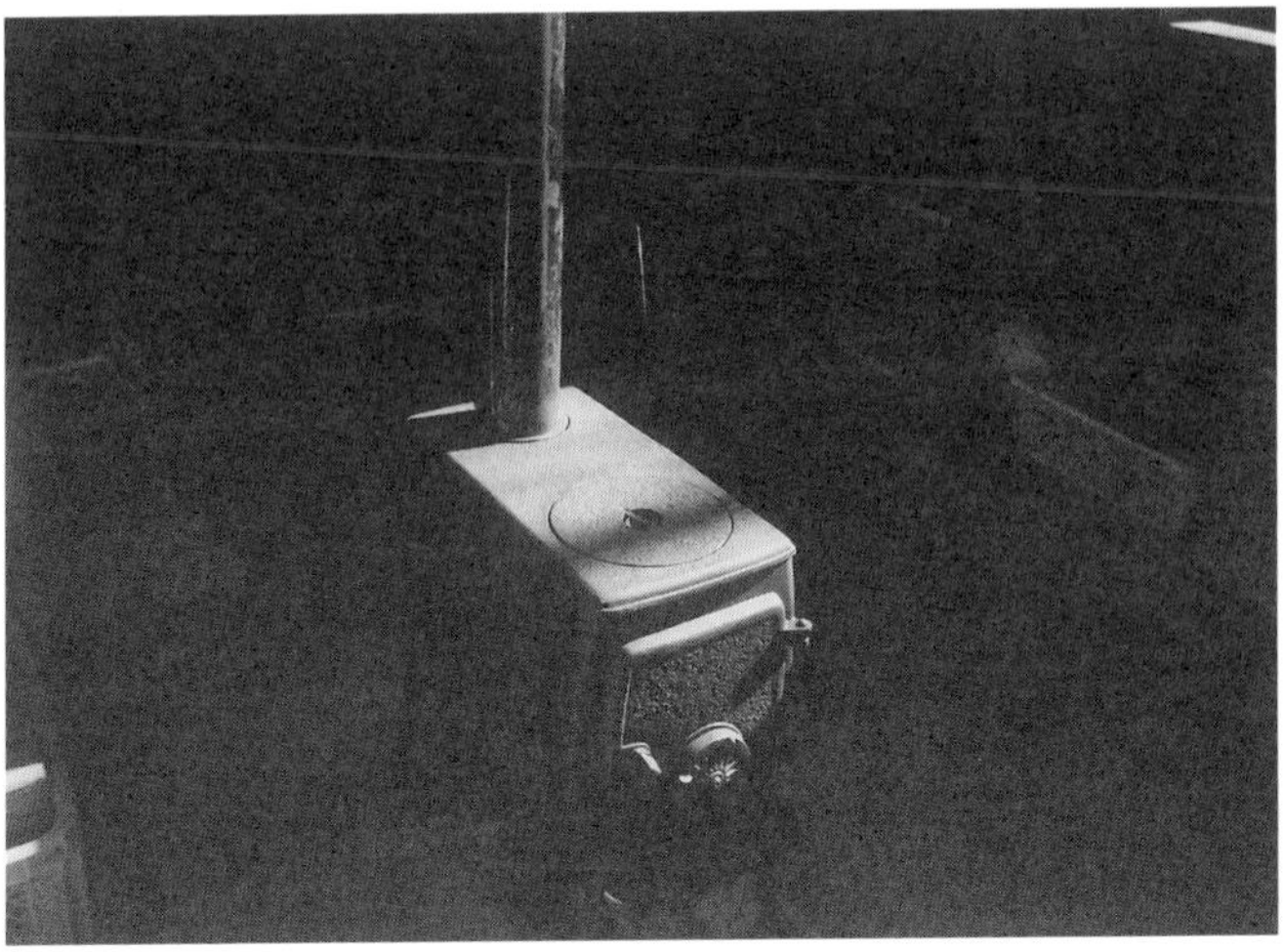

ストーブを長時間燃やしていると石油排ガスで室内が臭くなり頭が痛くなる。しかし薪ストーブは煙突で外に排気するので室内の空気はクリーンなまま保たれる。さらに薪ストーブの温かさは遠赤外線によるもので誠に心地よい。薪ストーブには耐熱ガラスの小窓が付いていて、そこからチョロチョロと燃える赤い炎が見えるのは何とも楽しい光景だ。

この薪ストーブ１台で小屋全体が温まる。二階建ての小屋でも、暖められた空気が二階にまで上がってゆくので、やはり小屋全体が温まる。一階はポカポカと暑い位でも、二階はほんのり暖かくなる程度で、眠りにつくには最適な温度になる。

薪ストーブの上で煮炊きするには火力が足りないが、スープを保温するには十分だ。だから猪肉が手に入れば猪鍋を、無ければ豚肉を買ってきて豚汁を大鍋一杯作り薪ストーブの上に載せて、親しい友と家族を集め、さあこれから猪鍋パーティーだ。外は50センチの雪で覆われても家の中はヌクヌク温かい。丼に入れた熱い豚汁をフーフーしながら頬張り、外の雪で冷やしたビールを頂く。至福の時、まさに極楽、極楽！

4、5人の家族で一冬にどれくらいの薪が必要だろうか？　答えは約1トン。換算すれば軽トラで3台分が必要だ。軽トラの積載量は350kgだから、1トンにするには約3台分が必要ということになる。これは実は大変な重労働なのだ。木を切るだけでも大変。薪割りするだけでも大変だ。

雑木林の中で、まず適当な太さの木を何本かチェーンソーで切り倒して、そのまま1年間放置する。切り倒したばかりの木は生木で水分が多く、とても薪にならない。2年目にはそれらを1メートルほどの長さに切ってから軽トラに載せて小屋まで運ぶ。それらを井桁に組むなり積むなりして、雨除けをかぶせてからさらに1年間放置する。3年目になって30センチの長さに切ってから、ようやく薪割りが出来ると言う訳だ。

薪割りもテレビや映画で見るように、パーンと割れたときは実に気持ちが良い。細めの丸太は中心を目がけて鉞《まさかり》を振り下ろす。しかし直径30センチ以上もある大物は中心に振り下ろすと、鉞がハマッテしまいどうにも抜けなくなる。だから太めの丸太は中心ではなく、丸

太の縁の辺りを目がけて鉞を振り下ろす。
　その薪割りも素性の良い薪ばかりではない。頑丈な節《ふし》が入り組んでいる薪は、どこからどう鉞を振り下ろしてもビクともしない。二度三度立て続けに振り下ろしてようやく小さな裂け目が付くだけだ。振り下ろした鉞が薪に刺さって止まってしまったら、もうどうにも鉞を抜くことも出来ない。息は挙がる、汗が噴き出す、目がくらむ。前期とはいえ高齢者のする仕事ではない。
　こうして苦心して割った薪を、今度は腰をかがめて拾い集めなければならない。そしてさらに、割れた薪を日当たりの良い納屋の外壁に積み上げてゆく。これがまた重労働。何段も何段も積み上げて手の届く目一杯の高さまで積み上げたら、雨除けをしっかりしておく。こうしてようやくこの年の冬の薪となる。

そんなに苦しい思いをしてまで何故に薪ストーブにこだわるのか、それは薪ストーブが、その苦しみより以上の喜びを我々に与えてくれるからなのだ。これを人は酔狂という、バカという。人は何とも言わば言え、我が喜びは我のみぞ知る。

2.6 楽しい夏野菜

夏野菜、ピーマン・ナス・ミニトマト・オクラ・キューリを作る。何故ならば、他の野菜が作れないからだ。正確にいうと他の野菜は作っても、猪にすべて食い尽くされてしまうからだ。例えば枝豆・ソラマメ・インゲンなどの豆類は猪の大好物で、あっという間に喰い尽くされる。同じく芋類も猪の大好物だ。特にサツマイモは猪にとっても甘くて美味しいらしく、一畝や二畝どころか一畑全部がたった一晩で掘り返され喰いつくされてしまう。トウモロコシも同様でたった一晩で畑が全滅する。それも素人百姓が「そろそろ明日あたり収穫しようかな」と思案したその晩にやられる。

とにかく猪のパワーは絶大でその掘り返す力は小型のユンボに匹敵する。ひとたび猪に狙われたら最後、毎年必ずやって来る。芋でも豆でも植えてあった場所をよく覚えていて、毎年必ず同じ場所を目がけて喰いに来るのだ。猪は見かけによらず賢くて記憶力が良い。そういう訳でこの里山のこの畑では、猪が見逃してくれるピーマン・ナス・ミニトマト・オクラ・キューリだけを作ることにする。それが山の神様の御意志なのだ。

さすがの猪もナス科の植物は苦手と見える。縄文時代以来数千年にわたって、この国の植物を喰ってきた猪にとっても、つい最近（数百年前）になってから日本に入ってきた南米原産の野菜は好まぬらしい。特にトマトの葉の強烈な匂いは苦手のようだ。もう7、8年になるが、これらの野菜は猪害にあったことがない。猪は案外と行儀が良くてマナーを守っているが、ここに鹿あるいは猿が現れたらもはや万事休す、畑作りを諦めなければならない。しかし今のところ鹿と猿が現れないのが幸いだ。

ピーマンは作りやすい野菜の代表。とにかく畝を作って、5月の連休頃に植えておけば勝手に育って梅雨明け頃から勝手に実が成る。だからピーマンの苗は1本か2本で良い。植えすぎると家族で食べるには多すぎるほど実がついてしまう。子供はなかなかピーマンを食べてくれないが、ピーマンの挽肉詰めなら喜んで食べる。

ナスは難しい。ピーマンと同じころ里山の畑に苗を植え付けてもなかなか育たない。この里山は冬になると根雪が50センチも積もるところ。初夏5月になっても朝晩の温度が上がらず、それでナス苗の育ちが悪い。そこで、5月に買った小さな苗を中ぐらいのポットに植え替えて、自宅の庭で育てる。お山と自宅では平均気温が3・4度違う。これが決定的なのだ。自宅でナス苗を一月ほど育てると、大きく育ってお山の寒さに十分耐えることが出来るようになる。この大きく育ったナス苗を6月になってから里山の畑に移せばもう大丈夫。グングン育って夏の初め頃から収穫が始まり秋も半ば頃まで楽しむことが出来る。

ただし、ナスの虫害について注意が必要。うっかりしているとナスの葉っぱの裏に小さな虫がいっぱい付いて、葉の養分を吸ってしまう。するとナスの実がサッパリつかなくなる。そこで、村人から良い方法を聞いた。市販の唐辛子の粉を水で煮て、その煮汁を五百倍から千倍に薄めて、噴霧器で葉の裏にかける。それでこの小さな虫が居なくなり、ナスの葉が元気になり、再び生育が良くなって実を沢山つけるようになると言う訳だ。化学薬品は使いたくない。趣味としての農業は、手作業・有機農法・化学薬品ゼロが基本だ。

ナスは煮ても焼いても漬物にしても美味しい野菜だ。和風の焼ナスは皮をむいてしまうのが勿体ない。皮にこそビタミンもポリフェノールも豊富にあるのだ。そこで和洋折衷風の焼ナスを御伝授しよう。ナスのヘタを取って縦に半割にする、皮はむかない。フライパンにオリーブ油を少々（もちろんサラダ油でもオーケー）、そして裏表を数分焼くだけ。新鮮で固かったナスの皮がシナッとしてきたら出来上がり。大皿に焼き上げたナスを沢山並べて醤油をサッとかける。ビールのおつまみに最高。これは危険だ、ビールを飲み過ぎる。

ミニトマトは露地栽培でも出来るが、大玉トマトはビニールハウスが無ければ栽培できない。品種名「桃太郎」は甘みがあってジューシーで上品な味わいの大玉トマトなのだが、何度作っても失敗した。5月の連休頃に植え付けて順調に育つのだが、梅雨時になるといけない。花が付いて青い実が成り始めても、実の付け根あたりが雨のせいで黒く腐り始めるのだ。しかし素人農業はあくまでも露地栽培でなければならない。いさぎよく大玉トマトを作るのは諦めよう。

ミニトマトでも十分に美味しいトマトが作れる。ミニトマトは原種に近いのだろうか、とにかく作りやすい。虫が付かない、病気にならない、猪が狙わない。露地栽培で梅雨時の雨が毎日降っても平気の平左、順調に育ってくれる。ただし支柱をしっかり立てて、さらに横と斜め

に支柱を組むように縛ってやる。ミニトマトは実を沢山付けてくれるから、その重みで柔な支柱は倒れてしまうのだ。
1本のトマトの苗は育つにつれ一枝ごとに1房の花芽と1本の脇芽が出来る。この脇芽は必ず摘み取らねばならない。そうしないと、これらの脇芽はそれぞれ勝手に育って、さらにそれぞれ一枝毎に1房の花芽と1本の脇芽を作る。放っておくとグングン育ってヤブのようになり終止が付かなくなる。そうなる前に脇芽は必ず摘み取ること。
ミニトマトはそのまま食べても、サラダにしても、オリーブ油で炒めてもトニカク美味しいのです。収穫したての赤玉ネギとミニトマトのサラダは子供にも大人気。大人が食べれば、血液サラサラお肌ツヤツヤで美容と健康の特効薬。

何しろ医食同源。これが素人農業の醍醐味と言わずして何と表現出来ようか。

2.7　里山は中高年のワンダーランド

ジイジには子供の頃、東京都下の多摩丘陵で毎日のように遊んだ記憶がある。その頃の多摩丘陵は低い山と雑木林がどこまでも続く里山天国であった。今のようなモダンな住宅群も大きな団地も大学キャンパスも何も無い広大な里山が延々と続いていた。そしてその東側を多摩川が清らかな水を湛えて悠然と流れていた。夏ともなれば川面に無数のホタルが乱舞し、もちろん泳ぐことも出来たし、その水を飲むことさえ出来た。

高度成長期に家庭ゴミや工場排水によって多摩川は一度死んでしまった。しかし、近ごろは各地の下水処理場などが整備されてかなり良くなったと聞く。そして、今では川の水も綺麗になって鮎も再び戻り、シジミも取れるようになった。ところが、今度は別の問題が発生したという。心なき人々が水槽で飼っていたペットの魚類をこの多摩川に放流しているのだ。それも南米アマゾン原産の各種のナマズ類や中にはピラニアまでいるという。それでこの川のことを今ではタマゾン川と呼ぶらしい。

多摩丘陵では、春には山菜採りや山百合の球根掘り、夏には一日中多摩川で水遊び、川漁師のおじさんには随分と怒られた。秋には栗拾いと言っても、小さな芝栗のことで沢山集めないと収穫にならない。冬には枯れて明るくなった雑木林を駆け巡ってチャンバラごっこ。何しろ小学校から帰ったら、冷や飯に冷や味噌汁をかけて掻き込むやいなや外に飛び出し、夕焼け空が見えるまで雑木林を駆け回っていたものです。

そして今や立派な中高年、前期高齢者とも呼ばれる我らにとって、ディズニーランドでもない大阪USJでもない、里山こそが我が懐かしきワンダーランドなのです。ミッキーマウスやドナルドダックの代わりに、多摩丘陵にはそれこそ狸もムジナも狐もイタチもテンもリスも野ウサギもありとあらゆる小型の動物たちが居た。そして昔の人は、狸が人を化かす、狐も人を化かす。実はイタチもカワウソも人を化かすなどと言っていた。昔はそんなことがまことしやかに言われていたのです。

「狸が人を化かす科学的考察」なんてものは何の意味も無くて、狸が人を化かすかもしれないという迷信にこそ意味がある。迷信と宗教はどう違うのか、実は誰も知らない。ジイジは迷信も宗教も大して違わないと考えている。迷信も宗教も科学で証明できない点では全く同じと言わざるを得ない。科学は確実な根拠と数字を以て人々に物質的な富を与えてきた。しかし迷信もまた人々に、物質的にではないが、心の豊かさを与えてくれた。それらは妖怪とか妖精とか座敷わらしなどと呼ばれている。

聖跡桜が丘の名が示す通り、昔は明治天皇の狩猟場であった多摩丘陵に、高度経済成長時代になると多摩ニュータウンと呼ばれる広大な団地が造成され、個人のモダンな住宅群が立ち並び、各大学のキャンパスが大移動してきた。各私鉄も乗り入れてモノレールまで開業した。そこに昔から住んでいた狸や狐やイタチなどが住処を追われて離散していった。その辺の事情をジブリ作品の「平成ポンポコ狸合戦」が代弁してくれている。

離散したのは狸や狐だけではない。多摩丘陵に大昔、恐らく縄文時代から住んでいた山の神々、川の神々、木の神、岩の神、小鳥の神、動物の神、ホタルの神などなども離散してしまった。そうした心の価値を、お金にはならないが心の豊かさという価値を、我々中高年は子や孫の世代に伝えてゆかねばならない。その為には我ら自身が里山に住んでみて、山の神々や川の神々と対話する必要がある。これらの神々は我々に山の恵みや川の恵みをくれるだけでなく、何よりも心の豊かさ、心の平安というものをくれるのだ。

聞くところによると、どうやら多摩丘陵を追われた狸や狐たちは、彼らの親類縁者を頼ってこの島根の里山にも大勢で来ているらしい。それで、うちの畑の芋や豆が喰い荒らされていたのだ。成るほど、合点、納得！　多摩丘陵の狸と狐が言っていた。「東京がダメなら島根があるさ！」　それにつられて島根の狸と狐と猪が言っていた。「いつでも来《き》んさい。島根はエエとこだで、芋でも豆でも気前よう呉れるお人好しのジイジも居《お》るけーのー」

里山に通って畑を耕したり雑木を切り倒して薪を作ったりするのも、一銭にもならないけれど自分自身の為なのです。現役時代には家族のため子供のため、仕事や任務に追われて自分自身のことを考えるゆとりもなかった。今やっと自分のことを考える時間ができた。お金持ちよりも時間持ちのほうが本当は豊かなのです。食うための金は、年金のお蔭で何とかなる。だったら今さらアルバイトするよりも、自分の好きなことをやり、自分の人生を振り返ってみて、いろいろ考察するほうが面白い。

　こういう時期のことをバラモン教風に言うと、林住期ということになる。里山に通ったり住んだりする時期という意味です。学生期《がくしょうき》には勉強や修行で社会に出る準備をする。家住期には結婚して子を成し家業に、または会社勤めに精を出す。子供が成長して社会人となり自立すれば、我々は年金を頼りに里山暮らし。これが林住期の生き方で、さらにその後には遊行期の生き方（或いは死に方）がある。

　中高年のワンダーランドとしての里山にはそうした意味があったのです。山菜採りやキノコ狩りだけでなく、里山に居ること自体が森林セラピーの中に身を置くことになる。谷川の音を聞き、木の葉に当たる風の音を聞くだけで癒しになる。水が綺麗、空気が綺麗だから夜ともなれば満天の星空に包まれる。孫が来れば山小屋作りやツリーハウスも面白い。これをワンダーランドと言わずして他に何があるでしょう。

2.8 ① 自然相手の労働に親しむ、これを神遊びという

日本の農村には「花田植え」とか「大田植え」とか呼ばれる行事がどこにでもあった。花飾りした馬を引き、早乙女が揃いの絣《かすり》に赤い襷《たすき》をかけ、にぎやかな笛と太鼓の囃子《はやし》に合わせて一斉に田植えをする。こうした行事が経済成長と共にしばらく衰退していたのだが、近年また再び日本のあちこちで大切な祭りとして復活してきたのは誠に喜ばしい。

こうした祭りは単なる年中行事ではなくて、日本人にとっては最も根源的な神事でもあった。つまり田植えは人々が「田の神様」と一緒に行う神事であり、労働であると同時に祭りであり遊びでもある。日本人にとって古来より労働は祭りとセットで、神様と一緒に遊ぶ神事と位置付けられてきた。

ところが近年、「経済合理性」などという薄っぺらな言葉が流行って、労働から祭りが排除され神様と一緒に遊ぶという意味が無くなり、労働は限りなく奴隷労働に近づいてきた。奴隷労働であるならば、労働時間はキチンと管理されなければならない。ましてや、長時間労働などは、奴隷イジメの最たるものだ。古代エジプトの奴隷でさえ週休一日と睡眠時間が保障され、夕食にはビールまで付いて大事にされていたのだ。

古代の日本人にとって、労働は神事であり祭りであり、神々と一緒に遊ぶことであった。

こうした日本人の労働観は海の漁でも同じことが言える。魚が沢山とれた時に漁船が大漁旗をおっ立てて港に帰って来るのも、人々に大漁を知らせるだけでなく、海の神様に感謝の気持ちを捧げているのだ。漁師の仕事は特に危険を伴う。「板子一枚、下は地獄」と言われるほど海の漁には危険がつきまとう。海の神様の助けが無ければ、漁師は日々の漁を営むことが出来ない。

林業もさらに危険が伴う。伐採した大木の下敷きになったり、跳ね飛ばされたりして命を落とす者が随分と居た。山林はもともと人間の領域ではなく神々と動物たちの領域だった。そこに人間が植林という形で労働を持ち込んだのだから、お山の仕事も神々の助け無しには絶対に成立しない。だから山林に係わる労働全般、植林から伐採に至る山仕事全部が神事なのだ。山に入る者は、まず山の神様・谷の神様・木の神様・動物の神様・八百万の神々に挨拶し、仕事の無事を祈ってから入らねばならぬ。

近頃のローカルニュースで山の神々を冒涜する話があった。この中四国地方で、神社仏閣の御神木があちこちで枯死するという珍事件が頻発した。よくよく調べてみると次のような話であった。或る不心得者が、神社の御神木の根元周りにドリルで穴をあけ農薬を注入した。それで数か月後に御神木は死んだ。すると別の男が「あっ、神社の境内に枯れた大木がある。伐採しないと危険だ！」と騒ぐ。今度はさらに別の者が「しょうがない、ワシが買い取ってやろう」。この三者がグルだったのかどうかは知らない。しかしながら山の神様・木の神様・八百万の神々はすべてを見通しておられる。日本の神々は恵の神であると同時に祟る神でもある。必ずやこの者たちに神罰が下るであろう。閑話休題。

2.8　②　のどかで寛容な日本の神々

この美しき日本の国土、瑞穂の国にいつ頃から神々が住みつかれたのであろうか。数万年前、北方アジア系の人々が数度の氷河期に凍った海を渡り北方から、南方アジア系の人々が琉球列島伝いに数万年かけて南方から、原始の日本列島にやってきた。こうして悠久の時間をかけ、膨大な種類の人種が混血を重ねて原始日本人を形成したと思われる。それらの人々の子孫がさらに混血を重ねてやがて、恐らく1万年前ごろに、縄文人と呼ばれる人々が住み着くようになった。

原始日本人の信仰はもともとアニミズムという精霊信仰ないしは自然信仰で、神羅万象すべての事物・現象・動植物に魂が宿り精霊が憑依する。つまり、海・山・川や星・月・太陽など、すべてに神々が住んでいる、或いはそれら自体が神々である、というノンビリしたものだった。縄文の人々は狩猟・採集で得たものを分かち合い、平和な暮らしを営んでいた。

縄文遺跡の中には約1千年にわたって集落が営まれた形跡も確認されている。それらの集落においては身分差もなく貧富の差もなかった。ましてや権力者という者も居なかった。縄文時代には家族や親族を中心とした集落だけがあり、すべての物事は穏やかな長老たちの合議によって進められた。

そこに紀元前3世紀ごろ弥生人と呼ばれる人々が、稲作農耕と共にシャーマニズムと呼ばれる新宗教を持ち込んできた。縄文時代後期にも一部で稲作は行われていたのだが、弥生時代には稲作農耕が生業《なりわい》の主流となり、社会に大きな変革をもたらした。その頃の紀元前3世紀とは、秦の始皇帝が中華大陸全土を統一した頃だ。周辺諸国や周辺地域では無数の殺戮が行われた。それらの地域から多数の避難民や流浪民が、稲作農耕と共に海を渡って日本列島に逃れてきたとしても何の不思議もない。

弥生時代になると、集落はムラ社会となって身分とか貧富の差が生まれた。そうすると幾つかの部族の連合体から成るクニ社会というものが出現した。そしてあちこちに権力者というものが現れ、人々を支配するようになった。信仰としてはシャーマニズムが北東アジアからもたらされ、「祭りごと」（政ごと）は何事もシャーマンのお告げによって執り行われるようになった。そうしたシャーマンの中でも卑弥呼は偉大な巫女（シャーマン）であったと思われる。

稲作農耕が主産業の社会になると、それまでは山の上に鎮座まします「山の神様」が日本のあちこちで「田の神様」として里に下りてきた。こうして日本的農村の原風景、春になると山の神様が里に下りて来て田植えを手伝い、秋になると稲刈りを済ませた田の神様がお土産を背負ってまた山に帰る、というイメージが定着したのであった。この弥生時代は紀元の前後４００年ほど続いた。

紀元３世紀の中頃、偉大なるシャーマン卑弥呼が亡くなると、クニどうしの争乱が激しくなり、４００年続いた弥生時代が終わった。東アジアではこれも４００年続いた前漢・後漢が滅び、三国時代の頃だ。この頃から日本の歴史がグレーゾーンに入り、はっきりしたことが分からなくなる。それは古墳時代、謎の4世紀・5世紀と呼ばれている。

縄文時代にはアニミズムとして、海・山・川・森・林・木々・花・岩・石、ありとあらゆるものに神々が宿る、どころか、自然および自然現象すべてが名も無き神々であった。そこに弥生時代となるとシャーマニズムが入ってきた。日本の神々はシャーマン（巫女）に憑依して、神々の意思を告げることが出来た。さらにそこに古墳時代、謎の4世紀・5世紀になると天孫降臨という形で新しい神々が入ってきた。これは天孫降臨というイデオロギーであったかもしれない。そして、この神々には名前があった。前出の「田の神様」もこの頃「稲荷神」となったらしい。

天の神々の集団がこの瑞穂の国に降り立って、元から居る神々と元から居る人々を支配するようになった、と主張するのが古事記および日本書紀である。そう言えば、縄文の神々にヒエラルキーは無かった筈だ。神々のヒエラルキーはこの頃に作られたものだ。

そのヒエラルキーの頂点には「アマテラス（天照大神）」という太陽の女神が君臨するというのがアジア的、つまり女系家族的で面白い。弟は乱暴者の「スサノオ（須佐之男命）」で、彼は雨・風・台風の神だ。もう一人の弟は「ツクヨミ（月読之命）」といって、彼はカレンダーの中でも、農事暦のスペシャリストだ。スサノオが暴れて雨を降らせ、アマテラスが太陽の光を燦燦と降り注ぎ、ツクヨミの農事暦に従って農作業を行えば、日本国中いやさか（弥栄）これ豊年満作まちがいなし！

2.9 平成の田舎は豊かで美しい

今現在、平成の御代、田舎の風景は豊かで美しい。昭和の30年代、40年代頃までは確かに田舎と言えば貧しいとか、ホコリだらけの砂利道とか、信号も何も無くて退屈な村とかの印象があった。しかし今の田舎は豊かで美しい。もちろん農業者自身の努力と行政の援助が今日の豊かで美しい農村の風景を作り出した。日本中どこに行っても舗装道路に最新モデルの自動車が走り、田んぼ・畑の圃場整備も進み、重厚な古民家もあれば、おシャレな最新の住宅も並んでいる。

これを豊かと言わずして一体何と言えばよいのか。一部の政治家が「地方は疲弊している」などと煽るのは、先の「安全保障関連法案」を「戦争法案だ」と罵倒するのと同じデマゴギーだ。この度の「安保法」によって日本はやっと欧米先進国並みの「普通の国」になっただけだ。「地方は疲弊している」などと言う政治家は、地方の一部の者の利権を代弁しているだけで、日々日常努力している多くの農業者の意見を代表している訳ではない。

この辺り島根県中西部の、昔は「石見の国」と呼ばれた、現在の田舎の風景を描写してみよう。なだらかな中国山地が広がり、緑深き山林の合間に水田と畑と集落が点在している。車で走ってみると、そうした森と畑と水田と集落のある風景が幾つも幾つも通り過ぎてゆき、しばらくすると町が見えてくる。そのような町には商業施設があって、近隣の農業者たちが買い物に来るし、自らの農産品を売りに来る。

昔の商店街は立ち行かなくなったが、大型のスーパーやコンビニやホームセンターなどが出来、公民館やスポーツ施設も充実し、日本中どこでも見かける公設民営型の温泉施設もある。学校や病院も完備していて、田園風景の中にある町にはたいてい高等学校もあり、救急車が出入りする新しい総合病院もある。

田園風景の中の町にも、近頃は新しい飲食店が増え、居酒屋やカラオケスナックもある。眺めの良い峠の茶店では郷土の野菜料理が名物で、温泉の近くにはオシャレなイタリアンレストランもあるし、本格派京懐石の割烹料理屋もある。水源の小川沿いにはカナディアン・ログハウスのプチ・ホテルもあるし、せせらぎの音の聞こえる可愛い小さな「森の喫茶店」も最近出来た。

町の温泉施設のある所には宿泊所もあり、盆地を見下ろす山の上には大型ホテルもある。夏休みともなれば大学生や若者たちがスポーツ合宿にやって来る。冬ともなれば近隣のスキー場に遊びに来た人たちがスキーの疲れを温泉で癒してから、再びまた高速道路で帰ってゆく。高速道路網の発達のお蔭で近頃はスキー客の宿泊が減ってしまったという嘆きも聞かれる。

島根県の森と林と田園を結ぶ国道をドライブしているとトンネルが誠に多くて、新しいものは広くて明るいのだが、古いものは暗くて狭い。そんな暗くて長いトンネルを走っていると、なんだか「このまま黄泉の国へ行ってしまうのではないか」という錯覚に襲われる。そうなのだ、古事記によれば、黄泉平坂《よもつひらさか》というのは出雲の国の西の方、つまりこの辺り石見の国にあるらしい。

伊弉諾尊《イザナギノミコト》が、亡くなった妻の伊邪那美《イザナミ》を探し求めて、この黄泉平坂を下り黄泉の国にやって来た。ようやく出会った亡き妻に、「伊邪那美よワシと一緒に地上の国に帰ろう」すると伊邪那美は「ワタシはもう黄泉の国の物を食べてしまったので、二度と地上に帰ることは出来ません」それを聞いた伊弉諾尊は「嫌だ嫌だ、どうしてもお前を連れて帰るんだ！」とゴネた。すると伊邪那美は「それじゃあ黄泉の国の神様にお伺いを立ててみましょう。ただし、ワタシの部屋を決して見ないでね！」と念を押した。あとのストーリーは皆さんご存知の通り、「見るな」というタブーを破った伊弉諾尊は、鬼と化した伊邪那美に追われて危うく地上まで逃げ帰った、という話。

この神話は東北アジア一帯で、シャーマン文化の伝統のある地域において、しばしばその類話が語られている。シャーマン（巫女）はトランス状態で死者の霊を憑依させることが出来る。それどころかシャーマンはトランス状態で死者の国、つまり黄泉の国に下ってゆくことが出来る、と信じられていた。伊弉諾尊は恐らく男性のミコだったのだ。

この類話は遠くユーラシア大陸の西の方にも伝わっていて、次のような話が残っている。或る日、森の中で遊んでいたエウリディケという女性が毒蛇にかまれて亡くなった。夫のオルフェウスは大いに嘆き悲しんだのだが、一大決心して黄泉の国に下っていった。ところが黄泉の国の門は固く閉まり、恐ろしい鬼どもが門番をしていた。そこでオルフェウスは竪琴を取り出すと自慢の美声で一曲披露した。すると居並ぶ鬼どももウットリと聞きほれて、ウッカリとして門を開けてしまった。

黄泉の国の宮殿で、冥界の大王ハーデスと対峙したオルフェウスは言った、「俺の妻エウリディケを返せ！」すると大王ハーデスは一つの条件を付けた。「汝の妻を連れ帰ってもよいが、しかし、地上への道中で決して後ろを見てはならんぞ」欣喜雀躍、喜んだオルフェウスは地上への暗いトンネルを先に立って歩いた。真っ暗なトンネルをしばらく歩いていたオルフェウスだが、だんだん不安になってきた。そして、つい後ろを振り返って、「エウリディケ！」と妻の名を呼んでしまった。しかし、そこはただの暗闇、虚空の世界だった。すると、割れ鐘のようなハーデスの声が響いた。「お前は、見るなというタブーを破ったのだ。妻を連れ帰ることは叶わぬぞ！」

しかし暗くて長いトンネルだな、いつまで続くんだろう。不安な気持ちになった頃ようやく外の景色が見えてきた。なーんだ、緑の森と林と水田の広がる田舎の風景のままじゃないか。この辺り、石見の国の景色はこれと言って何の変わりばえもないが、それこそが、さわやかで緑の美しい、豊かで気持ちの良い田園風景そのものなのだ。

第3章　田舎から見る日本と世界

3.1　年金もらったら、里山でスローライフ

年金受給が始まったら、いよいよ里山でスローライフを始めよう。朝は6時ごろ目が覚める。近頃はもっと早いこともある。外では色々な小鳥がさえずっている。ゆっくりと起きて台所に行きコーヒーをいれる、もちろん本物の豆を使う。コーヒー豆は1キロ入りの大袋を買い、それを小出しにしてメリタの電動コーヒーミルで挽いて使う。何故メリタかと言うと、コーヒーの濾紙で有名なメリタ製の電動ミルが一番安かったから。

パンも自分で、粉・水・塩・イーストをこねて電気オーブンで焼く。ところが、近ごろは「電気パン焼き器」なる便利なものが出来て、重宝している。前日の夜に仕掛けておけば朝になるとパンの焼ける香ばしい匂いが、目覚まし時計の代わりになる。朝一番に飲むものは実は日本茶だ。お茶を飲みながらゆっくりと庭を眺め、テレビの早朝スポーツニュースを見

て、ノンビリと朝食の準備をする。そうこうするうちに家内が起きてくる。

朝食は7時、ユッタリゆっくり頂く。朝の定番はコーヒー、パン、ヨーグルト、目玉焼きだ。卵は日によって、ゆで卵・スクランブルエッグ・だし巻き卵などに変わる。とにかく朝はゆっくりゆっくり何事も。そうすると段々と目が覚めてきて、頭のコンピューターが動き始める。しかし体の方はまだ眠っている。何しろ長年使ったポンコツ自動車と同じで、体が温まるまで暖気運転が必要なのだ。

朝8時になると「あさが来た」が始まる。この年（2015）の「花燃ゆ」と同様に幕末・明治維新の頃のドラマは、今や前期高齢者となった自分にとっては身近な歴史なのだ。それは明治生まれの自分の父親が生きた時代で、その懐かしい世相や風俗はそのまま自分にも連続している。若い頃は歴史なんて遠いものだったが、年取ってみるとそれは身近なものとなる。朝ドラを見終わる頃になると、ようやく頭がハッキリして体も温かくなってくる。血圧・脈拍・体温が整って、ここでようやく活動開始。いつもの作業着に着替える。

長靴を履いて外に出るのは朝の9時。「さあ、今日も半日ガンバルぞ！」そうなのだ、われら団塊の世代、前期高齢者の体力では1日8時間労働は無理なのだ。ましてや農作業となると半日4時間ですら難しい。朝9時に開始しても昼12時まで3時間も働けばもうクタクタ。昼食を食べたらすぐ昼寝。情けない話だが、それが現実だ。それ以上やると次の日に差し支える。老人は無理をしてはいけない。見栄を張ってもいけない。疲労と上手に付き合うのが老年の知恵というものだ。それが長生きの秘訣だ。

長生きの秘訣と言えば、不要な薬やサプリメントを飲まないこと。薬は少量・少数回なら薬だが、大量・長期に渡れば毒になる。もともと毒だった薬もある。市販のドリンク剤が一見効いたように見えるのは、成分中のカフェインが作用しただけだ。コーヒーを飲んで頭が冴え体も動くのは、もともと体が元気な時だけ。身体そのものに活力のない時に、いくら沢山コーヒーを飲んでも全く効かない。50年以上コーヒーを飲みつづけてきた老人が言うのだから間違いない。花の準高齢者、団塊の世代にして、薬もサプリメントも一切服用していないのがチョッピリ自慢。

しかし、さはありながら、早起きして台所で朝食コーヒーの準備をしていると、食器類をポロリと落としてよく壊す。その度にカミさんに叱られる。「しかたねーだろう、ジジイになって握力がなくなったんだから」　実はそうではない。真実のところは指先の潤い又は湿り気が無くなったのだ。もともと人間の指先には滑り止めとして指紋があり、若い人では常に潤い、湿り気があるからコップでも食器でも指先にピタリとくっついて落とすことはない。しかし老人ではそれがスルリと落ちる。近頃では指先にチョット水を付けてから食器を掴むようにしている。そうすると落とすことは無くなった。

どなたか医者が言っていた。「老人は、乾く、ゆがむ、縮む、の順で老化が進む」と。成る程その通りだ。我ら準高齢者ではまだ「乾く」の段階なのだろう。そのうち「ゆがむ」が始まって、やがて「縮む」に進むのだろう。いずれにしても我らにとっては経験したことのない未知の領域なのだ。戸惑うよりも「面白い、そういうことなのか」と老境を楽しむことにした。いずれ車の運転も出来なくなるだろう。テレビで言っていたが、車を保持していれば購入代を含めると年間40万円はかかる。バス・タクシーを利用すれば年間20万円ぐらいで済む、ということだった。

年金もらったら里山でスローライフを楽しもうではないか、老年の御同輩！　まだまだ畑仕事でも薪割りでも何でも出来る。薪ストーブで薪を燃やすのは、楽ではないけど楽しいものだ。同様にして野菜を作ったり、色々なものを工夫したりするのはとても楽しい。自給自足の生活と言っても、我らが出来るのは良くても半自給生活がいいところ。ここでも無理をしてはいけない。あるものは何でも利用するのが賢い。

完全な自給自足なんて、素人にとても出来る技ではない大変なことなのだ。野菜だって自分の技量で出来るものだけを作ればよい。前述したが、この里山ではイノシシが見逃してくれるものしか作れない。だから他の野菜は、プロの農家に敬意を表して朝市で買うことにする。プロの作った野菜は形が良くて色合いも良い。朝市だから安くて新鮮だ。

さらには便利なものは何でも使わせてもらう。それが現代の里山生活だ。インフラでは電気、簡易水道（井戸）、合併浄化槽は、最低限必要だ。台所にはＩＨのコンロ、電子レンジ、電気ケトルが便利。風呂は石油給湯器で沸かし、暖房は薪ストーブで賄う。里山生活ではエネルギーの多様化が重要なのだ。もし停電になっても炭コンロと薪ストーブは使えるから凍え死ぬことはない。そして石油給湯器は一番安価な湯沸かしだということ。

金持ちよりも、時間持ちの方がずっと豊かで贅沢なことなのだ。何しろ自分の時間を誰にも指図されずに自分で使う。何をするか、どこに行くかすべて自由だ。考える時間がタップリあることも豊かさの象徴だ。だから西欧人は現役で働いている時も、年金生活を楽しみにしているし、実際に年金生活をエンジョイしている。

ところが日本人は年金生活をみじめでイヤなものだと思っている。そんなことはない、意識改革が必要だ。自分が受給する年金の範囲で、楽しく生き生きと生きてゆくことは可能だ。ただし年金を賢く使う知恵が必要だ。だから年金は金額ではなく、長く貰うことが大切だ。その為にも長生きしなくちゃ。

3.2　スローライフはグローカル

里山でスローライフと言うと、皆さん「隠遁生活ですか、イイですね」と言う。そうではないのだ、隠遁などしてたまるか。人はスローライフになって初めて本当の自由を手に入れるのだ。奴隷的労働からの自由、子育ての負担からの自由、煩わしい世間的雑務からの自由などなど。すべての束縛からの自由という意味において、里山に居ると浮世から離れているが故に、浮世つまり日本のこと、世界のことがよく見えるようになる。

即ち、グローカルに生きることが出来るのだ。グローカルとは、「グローバルに考え、ローカルに行動せよ」という、前大分県知事、平松守彦氏の提唱した言葉だ。つまり、ローカルに生活しながら同時にグローバル（地球規模的）な視野を持つということ。例えば、田舎の里山で畑を耕しながら、日本や世界の出来事を世界標準で思考することが出来る、ということなのだ。（この原稿を書いている折しも、新聞に平松氏の追悼抄が掲載されました。御冥福をお祈りします）

そのグローカル思考とは、我々老人なら誰でもできる。それはまず、第一に、「老眼的世界観」、つまり（老人は細かいところは見えないのだから）世界を大枠で捉えること。第二に、「老齢的歴史観」、つまり（老人は長く生きてきたので）歴史を60年単位の長いスパンで考える。そして、第三に、「知足的価値観」、つまり（年金は限られているので）今ある年金の範囲内で達成可能な幸せを考える。

このグローカル思考を心掛ければ、我々は誰でもグローバル（世界標準）に考えながら、しかも、ローカル（地域）に生きることが出来る。

さて、グローカルに見渡すと、２０１６年前半アメリカ大統領予備選が面白い。泡沫候補と思われた共和党のトランプ氏と、同じく弱いと見られた民主党のサンダース氏が善戦している。共和党ではエスタブリシュメント（既存支配層）の上院議員に全く人気が無くて、反知性主義の権化と茶化されるトランプ氏に人気が集中している。民主党でもクリントン女史はエスタブリシュメントと見なされ人気があまりない。

共和党のトランプ氏は白人の低所得層から支持されている。彼は、アメリカ白人の本音「人種差別・宗教差別・米国第一主義など」を、下品な言葉でポンポン喋り散らすので、彼等から大いに支持されているのだ。何故ならトランプ氏は、所得にもチャンスにも恵まれない平均的な白人労働者の不満や鬱憤を晴らしてくれる。例えば、失業率が高いのは移民のせいだとか、外国製品はアメリカ経済の敵だとか、イスラム教徒は入国させるなとか。彼は白人低所得者層の失われた所得とプライドを取り戻すかのように演説している。

民主党のサンダース氏は、多くの若者を始め、有色人種やマイノリティーからも支持されている。何よりも彼は堂々と「民主社会主義者」を名乗っているのが凄い。なぜなら自称「自由の国」アメリカでは戦前も戦後も長いあいだ、「社会主義者」と名乗る自由は無かったのだ。我々は、やっとアメリカにもヨーロッパ流の社会民主主義が定着するかと、期待した。しかし、サンダース氏は大統領候補の座をあっさりとクリントン女史に譲ってしまった。やはりアメリカには社会民主主義は育たないのだろうか。

3.2 ① アメリカ人の間に巨大な格差が存在する

第二次世界大戦で勝利者となったアメリカは、米ソ冷戦にも勝利して世界のスーパーパワー（超大国）にのし上がった。そのアメリカの国是は「力は正義なり」というものであった。だからアメリカ人の理解では、「正義が勝つのではなく、勝った者が正義なのだ」ということになる。そして彼らの言う「力」とは、軍事力と経済力と論破力のことだ。論破力とは、正義とは無関係に合法か違法かという論点だけで相手を論破することだ。論破出来たら、それが正義なのだ。アメリカ人は固くそう信じている。

「力は正義なり」を信じて国の為・世界の為、数々の軍役に従事してきた老齢のアメリカ人が、戦後70年を経てふと気が付いてみたら、何と自分たちは巨大な格差の最下層にあることを知ってしまった。学歴は低いが勤勉で、真面目に働いてきた俺たちアメリカ白人が、何で低所得層なんてことになるのだ。偉大なるアメリカにおいて、何で俺たち白人が「正直者は馬鹿を見る」なんてことになるのだ。たった1％のエスタブリッシュメントがアメリカの富の大半を独占し、アメリカの政治や経済を支配している。こうして大多数のアメリカ人自身がアメリカ国内に巨大な格差のあることに気が付いてしまった。

だから一般的アメリカ人は、まず以て高学歴のエリートを憎み、そしてエスタブリシュメント（上院議員・金融資本家・高級役人）を信用しなくなった。「エリートとエスタブリシュメントが共謀してアメリカの政治と経済を支配し、格差をさらに拡大させた。彼らがウォール街の銀行家や金融業者と結託して俺たちの金を盗んでいるのだ」と思い始めた。

もっと具体的に言うとレーガン大統領の時代に、新たな法律を作っては金融市場での規制を次々に緩和した。例えば、合法的に労働組合の力を弱めたことが格差の拡大を助長した。例えば、新たな法律で企業の最高責任者（ＣＥＯ）への権力集中を図ったことが、巨大な格差を生む原因になった。例えば、新たな法律を作ってストックオプションの導入を奨励したことなど、一連の合法的措置が格差の拡大を大いに助長したことは間違いない。それらの帰結として、かのリーマンショックが派生したと考えられる。

これがアメリカ資本主義の正体なのだ。ウォール街の金融経済が今や実体経済より大きくなり、実体経済そのものを支配している。そしてアメリカ流金融経済のルールを世界中に押し付けることがグローバリズム（世界標準化）と言う訳だ。これら一連の合法的不正が、富裕層の一部をさらに超富裕層へと押し上げ、中間所得層の大半をより低所得層へと押し下げた。

こうして、もともとは裕福であったはずのアメリカ中間層の生活が苦しくなってきた。例えば、まっとうな労働者が引退後の為に買った国債の利子がゼロになった。例えば、普通のサラリーマンが、購入した自分の家のローンが払えずホームレスになった。例えば、平均的アメリカ人の子供が大学を卒業した時点で、奨学金として借りた４００万円程の借金を背負って社会人スタートしなければならない。こうした学生が４２００万人も居るという。銀行はこれから社会人スタートという若者をすら食い物にしている。

3.2 ② 民主主義の中進国、アメリカ

資本主義の正体とは、第一に、格差を限りなく拡大する。第二に、開いた格差は固定化する。第三に、こうした超富裕層は新興貴族となる。もともとアメリカに貴族は居なかった筈だが、現実の超富裕層はどう見ても貴族そのものだ。だからと言って、社会主義がいいとい

うことにはならない。社会主義とは、平等を担保するという名目で巨大な国家権力を行使し、自由を圧殺するシステムだ。共産党のみが独裁し、他の政党を認めず、個人の自由は侵害され、平等も無く、人間の尊厳さえも奪われるという恐ろしい統治システムなのだ。旧ソ連や中国の現状を見れば一目瞭然だ。

ところで、そもそもアメリカの民主主義は遅れて出発したのだ。アメリカは１７７６年にイギリスから独立はしたが、国内には奴隷制度（つまり過酷な人種差別）の残る、非民主的な遅れた国だったのだ。リンカーン大統領が「奴隷解放宣言」をした１８６３年（日本の明治維新の５年前）になって初めてアメリカの、内実はともかく建前上の、民主主義が出発した。フランス革命に遅れること74年の開きがある。

アメリカ南北戦争（１８６１－１８６５）を見ても、日本の維新戦争（１８６８）に僅か３年先行するだけの、ヘゲモニーを争う同様の内戦であった。維新によって日本は士農工商の差別を止めると宣言したが、実際には華族と平民（さらには非民）という身分差別が第二次大戦終戦まで残った。同様にして、アメリカでも「奴隷解放宣言」は成されたが、実際には黒人差別・有色人差別・少数民族差別が、第二次大戦はおろか１９６０年代まで残った。

こうして見ると、差別こそが格差の根源であることが分かる。人種差別・宗教差別・身分差別、これらを公然と行ってきた社会には、後の時代になって巨大な経済格差を生み出す土壊があるのだ。21世紀ではまず差別を根絶し、次に巨大な経済格差を生まないような社会システムを構築する必要がある。

1960年代の公民権運動は困難を極め、同じアメリカ国籍を有する黒人たちが白人と同じ権利と自由と平等を勝ち取るまで、まだまだ長い道のりが20世紀の間もずっと続いた。21世紀になって少しは良くなったが、今でも差別が根絶されたわけではない。しかし21世紀になると今度は、差別ではないが、同じアメリカ白人の間で格差が、しかも巨大な経済格差の存在がクローズアップされてきた。一般のアメリカ人が同じ白人のエスタブリッシュメントによって、時間をかけて合法的に巨大な格差の最下層へと追いやられているのだ、という現実が浮き彫りにされたのだ。

アメリカ人が長い間固く信じてきた資本主義が、同国人の格差を拡大し、格差を固定化し、新興貴族を生み出している。時あたかも「パナマ文書」なるものが世に出て、エスタブリシュメントによる狡猾な金儲けのカラクリを暴露してしまった。資本主義そのものが弱い人や真面目な人を食い物にする。こうした現実を21世紀のアメリカ人はどうやって克服するのだろうか。アメリカはいまだに民主主義の中進国なのだ。

3.3　スローライフだから、世界の動きがよく見える

人間誰でも60年以上生きてきたら、人生一通りのことは見・聞き・経験してきたので、「人生とは」「日本とは」「世界とは」何なのか、それぞれ自分なりの考えが出来上がる筈だ。人生のこういう時期のことを「林住期」という。古代インド人によれば、人生には「学生期《がくしょうき》」「家住期」「林住期」「遊行期」という4つのステージがあるという。古代インドにおける「林住期（または林棲期）」には、「人生」とか「世界」とか「宇宙」について考え、瞑想を深め、悟りに至る時期だとされていた。

それを現代の我ら前期高齢者に当てはめてみると「林住期」は、ちょうど里山でスローライフということになる。ちなみに後期高齢者になったら今度は「遊行期」の生き方が求められる。「遊行期《ゆぎょうき》」とは、実は生き方ではなく、死に方つまり理想の終末の問題であった。古代インドでは「遊行期」に至れば、死に場所を求めて死出の旅に出る。どこかで野垂れ死にすれば、近隣の村人たちが薪を持ち寄って火葬にしてくれる。その灰をガンジス川に流してくれれば、それは最高の死に方であったという。

さて、里山でスローライフをしている我ら前期高齢者には、「老眼的世界観」と「老齢的歴史観」という武器がある。だから、日本の様子も、また世界の情勢も誠によく理解できる

のだ。現代世界情勢についてみると問題点は大まかに見て、平和の問題・格差の問題・環境の問題、この3点に収斂されるだろう。

3.3 ① 平和の問題の問題点

日本人は、平和というと何事も起こらないノンビリ・ユッタリした状態が長く続く時代だと思い込んでいるが、それは根本的な誤り、はなはだしい誤解なのだ。西欧の常識では、世界のあちこちで戦争や紛争やゴタゴタが続いているのがフツーの状態で、その合間に短い期間だけ戦争の無い状態が訪れる、というのが平和なのだ。しかもそれは平和活動のお蔭ではなく、強大な軍事力によってのみ可能なのだ。

例えばパクス・ロマーナ、つまりローマ人によるパクス（平和）、パーチェ（伊語）ピース（英語）。ローマ帝国は400年の長きに亘り地中海世界を支配してきたが、400年間ずっと平和だったかというと、そんなことはない。地中海世界のあちこち、エジプトやガリアやブリタニアなどでしょっちゅう戦争があり、反乱があり、抵抗があった。その度にローマの軍隊が駆けつけて鎮圧した。それ故、すべての道はローマに通ずる、軍道だったのだ。なかでも当時の経済大国にして軍事小国であった、フェニキア人の国カルタゴを百年がかりで滅ぼしたのは、パクス・ロマーナの正体見たり枯れ尾花。

例えばパクス・アメリカーナ。強大なアメリカ軍による世界平和。冷戦が終結しソ連という枠組みが消滅し、超大国アメリカ1強時代と言われた。それも20世紀の終わりごろ線香花火程度の輝きが10数年続いただけで、21世紀になると途端に怪しくなってきた。

ロシアが往年のロシア帝国の栄光と版図を取り戻そうと、反米の旗頭として返り咲いただけではない。中国が昔日の中華大帝国を復活させようと海洋進出を盛んに行うようになった。そして世界は再び混沌としてきた。現に、シリアやイラクでＩＳなる無法者集団が猛威を振るい、アフリカやアラビア半島情勢は緊迫化し、南シナ海や東シナ海では緊張が続き、北朝鮮は何をしでかすか分からない。第二の冷戦期とも呼べるこのカオスこそ世界の実像ではないのか。平和とはこのカオスの中の必死の努力なのだ。

日本に目をやれば、例えば、パクス・トクガワ。徳川将軍家は２７０年間も幕藩体制という政治権力を維持してきた。徳川政権の前半は強大な軍事力によって外様大名の「取りつぶし」という荒業を駆使し、可能的敵対勢力を殲滅してきた。さらに、政権全般を通じては「参勤交代」という経済戦争をすべての大名家に仕掛けていた。大名家は格式に応じて、つまり石高に応じて行列の人数や物品の質や量を揃えなければならなかった。これは各大名家にとって大変な経済的ダメージとなったが故に、武器弾薬を揃えて反乱の準備など、とても出来ない状況であった。そして、それは同時に、封建主義体制が日本人の性質として強く、深く、日本人の体質にまで刻み付けられることになった。

歴史で見る通り、平和とは善隣外交を心掛けるだけでは決して実現されない。そのような危険な諸外国との付き合い方を中国人は昔からよく知っていた。彼らの外交の極意は「近攻遠交」というもので、近隣の外国とは攻めたり戦ったりするけれど、遠方の外国とは同盟を結んだり共同歩調を取ったりする。何と今現在の世界状況と同じではないか。世界の常識というものは、実は食えない話なのだ。日本人が固く信じている「性善説」なんてものは全く通用しない、世界は「性悪説」を根本原理として動いている。

それではお人好しの日本人はどうすれば良いのか。答えは明快、「治に居て、乱を忘れず」これに尽きる。日本は今現在おそらく世界で最も豊かで安全な国であるだろう。しかし日本人は平和を享受しても良いが、平和ボケしてはならない。自然災害はいつ起きるか分からない。ハゲタカファンドは常に日本の富を狙っている。ゆめゆめ備えを怠ってはならない。日本は侵略戦争を永久に放棄したが、国土防衛権を放棄したわけではない。

日本の国土をかすめ取ろうとするヤカラは常に存在する。現に北方４島と竹島は不法占拠されたままだし、尖閣諸島を露骨によこせと主張する国もある。何よりもお人好しの日本人が留意しなければならないのが、南シナ海における自由航行の保障だ。ここを止められたら日本経済は確実に死ぬ。彼らのターゲットは、南シナ海の制空権および制海権だけではない。真の狙いは日本の生命線シーレーンを抑えて、日本国を彼らの意のままに支配することだ。彼らはレアメタルで一度試みたがそれは失敗した。

お人好しの日本がお手本にすべきは、あの美しき永世中立国スイス。スイスは徴兵制でもなく募兵性でもなく国民皆兵の国なのだ。成人は男も女も等しく兵役の義務がある。一旦有事となれば男性は軍役と災害救助の義務が、女性は看護や介護の義務がある。スイス人は非武装中立などと寝ぼけたことは言わない。堂々たる「武装中立」こそ、スイス国の国是なのだ。スイスは永世中立国という看板によって、堂々と武器輸出で外貨を稼ぐ。スイス国内の各銀行には世界中の大富豪たちが莫大な金を預ける。スイスはまた、観光立国として世界中から観光客を集め、政治的にも経済的にも立派な国際的地位を保っている。世界の中で堂々と自由と自立を謳歌している。何とも素敵な国ではないか。

3.3 ② 格差の問題は差別から始まった

格差の問題とは、何も今始まったことではない。遠い昔からあった問題だし、昔は今よりもっとひどかった。現代の格差と言えば経済格差のことを指すが、昔の格差と言えば人種差別や身分差別や男女差別のことで、それは同時に権力も財力も名誉もすべてにおいて莫大な格差のあることを意味した。身分差別の制度は古代に始まり、中世を通じ近代前半まで世界全体を支配した厳しいルールであった。

古代インドの場合、バラモン階級が第一身分として他のすべてを支配した。バラモンとは何か、「婆羅門」などと書くから何のことか分からないが、ブラーフマンと書けば少し分かる。ブラーフ（白い）マン（人）つまり白人のことだ。インドヨーロッパ語には共通の単語が沢山ある。モン（山）ブラン（白い）とか、カサ（家）ブランカ（白い）など。ブラーフは（白）で、マンは（人）又は（男）を表す。印欧語では男のみが人・人類を表す。

もともとインド亜大陸にはドラヴィダ系を始めとする黒色系アジア人が、非常に多種多様に住んでいた。そこに戦う遊牧民のアーリア人が侵入してきた。彼らは自らをブラーフマン（白人）と呼んでいた。紀元前1500年頃のことだ。彼らは瞬く間にインド北西部を征服すると、今度はインド北東部を征服支配した。そして土着のアジア人をダーサ（黒い人）と呼んですべて奴隷にした。これが後のシュードラ（奴隷階級）で、それは数百の人種や数千の部族から成っていた。それが後に数百のカースト（奴隷身分）と、その身分に連結する数百の職業を構成することとなった。人数で見れば大多数（恐らく90％以上）がこの階級で、バラモン・クシャトリア・ヴァイシャの上層三階級は数％に過ぎない。

アーリア人（白人）の部族長（ラージャン）という最高支配階級から、祭祀を司る第一のバラモン階級と、軍事を行使する第二のクシャトリア階級が生まれた。この２階級は元からの最高支配階級だ。同様にしてアーリア人の司族長（ヴィシュ、これは中間支配階級）の中から第三のヴァイシャ階級（富豪・生産管理者）が生まれた。何となればシュードラ（奴隷）には、家事奴隷と生産奴隷があって、ヴァイシャ階級がすべての生産奴隷（シュードラ）とその職業（カースト）を支配したからであった。

これら上層三階級はもともとブラーフマン（白人）で、古代インド全体の数％にも満たない、根からの支配階級であった。階級のことをヴァルナ（色）といい、身分のことをカースト（箱）という。数百のカーストはただ一つのヴァルナ、奴隷階級（シュードラ）の中にあった。従って、たった数％に過ぎない上層３階級（バラモン・クシャトリア・ヴァイシャ）の支配階級が、大多数（90％以上）のシュードラ（奴隷階級）を支配していたのだ。従って、３５００年前の古代インドにおいては、アーリア人（白人）の支配階級とダーサ（黒い人）の被支配階級の２階級しかなかったことになる。

それから一千年も時が経て、ＢＣ５００年頃の釈迦の時代には混血も進み、見かけ上の白人が見られなくなった。だからブラーフマンの言葉の意味も変化した。この時代、「ブラーフマン」とはもはや「白人」を意味せず、「支配」とか「支配者の宗教」とか「宇宙の原理」

とか、難解で抽象的かつ宗教的意味に変化していた。

釈迦の時代からさらに2000年以上経って、インド亜大陸は再び白人によって支配された。今度は植民地にされたのだ。2000年も経つと、バラモン教は土着の諸宗教を吸収してヒンズー教に変化していた。それゆえあらゆるものが変貌を遂げ、例えば、当初の遊牧アーリア人にとって牛は単なる食料であったが、現代インドで牛は神聖にして食用を禁じられている。インドは再び白人の支配を受け植民地化されたのだが、3500年前にも同様の事態があったことを当時は誰も知らず、イギリス人によるサンスクリット語の研究によって次第に明らかにされるようになったのだ。

格差とは何か。格差の根源は差別だ。差別とは、人種差別・宗教差別・身分差別・男女差別のことだ。ユーラシア大陸においては、まず異民族支配による人種差別と宗教差別が行われ、その支配層が数百数千年続くうちに古代・中世的な王侯貴族となり、やがて「貴族と平民」という中世から近代まで続く身分差別になった。

そして歴史は中世から近代の時代になると、まず、市民によるフランス革命によって王侯が倒され、貴族・僧侶・平民が平等となりヨーロッパで民主主義が始まった。しかし、貴族と平民という階級社会は続いた。本格的な民主主義が行われるのは、ヨーロッパでもやはり第二次大戦後のことだ。しかしながら差別意識というものは残っていた。

20世紀も半ばに至って、ヨーロッパ社会は見かけの上では身分差別を克服した。ところが第二次大戦後70年の間に新たな差別が生まれた。それを「格差」という。現代の格差とは「経済格差」のことで、それも「格差の拡大」と「格差の固定化」が問題となっている。そして経済格差の根底には、前近代的な人種差別とか身分差別とか男女差別などの差別意識がまだ根深く残っているのだ。それが事態をさらに複雑かつ深刻にしている。

そしてアメリカでは、アメリカ国民は既成の上院議員をもはや信用しなくなっている。なぜならばアメリカでは、大資本家と上院議員と高級官僚はエスタブリシュメントであり、彼らは「格差の拡大」と「格差の固定化」の張本人なのだ、という認識が広まっているからだ。そしてこの「格差の拡大」と「格差の固定化」は、日本においても広がりつつあって、今や全く同様の問題となっている。

折しも同じ２０１６年、「パナマ文書」なるものが出回り、格差の張本人たちの動向を世界中に暴露してしまった。プーチン首相・習近平国家主席・キャメロン首相・グンロイグソン前首相などの名前が挙がっているが、これは氷山のほんの一角に過ぎない。問題は多国籍企業だ。大資本は激烈な国際競争に勝ち残る為だとして、多国籍企業の形態をとる。そして多国籍企業は租税回避地を利用して課税逃れをする。

富裕層や多国籍企業が税金を支払わずに格差を拡大し、格差を固定化する。このことが世界の民主主義を深く傷つける。それが大問題なのだ。富裕層や大資本家たちが新興貴族となって新たな身分差別や、新たな憎しみを生み出す。それが民主主義を根底から崩してゆく。第二次大戦直後には格差というものが知られていなかった。しかし戦後70年にして我々は、民主主義が格差社会という新たな段階に入ってきたことを認識する必要がある。

3.3 ③ 現代世界最大の問題、環境

環境の問題はイギリス産業革命において既に始まっている。当初は石炭、次には石油という化石燃料を大量に消費することが、地球温暖化という大問題を引き起こした。産業革命の当時は地球環境の問題は全く考慮されず、むしろ産業革命の結果としての社会変動や混乱の方が問題視された。産業革命は資本家の富を増大し、大多数の労働者の貧困を助長した。そしてこの傾向は現代社会にまで続いている。

例えば地球温暖化。南極・北極・グリーンランド・南米チリなどの氷河が静かに不気味に溶け、崩れている。世界中の山岳の氷河が後退、減少している。シベリアの永久凍土層が解け、メタンガスが放出され続けている。メタンガスの温室効果は炭酸ガスの28倍と言われている。世界各地の年平均温度が上昇し続け、エルニーニョ現象の頻度が増え、台風やハリケ

ーンの被害も増大している。太平洋諸島では高潮による島嶼沈没の危険性さえ認識され、海水温度が上昇し続け、日本でも温帯域の海に亜熱帯の魚が見られるようになった。穀物や果物の生産可能地域が年々北上している。このままでは地球環境が人間の生存に適さなくなってしまう危険性さえある。

例えば大気汚染は中国だけの問題ではない。日本は中国に対して、植林事業と同じように、大気汚染対策の技術とノウハウを惜しみなく与えるべきだ。親切は人の為ならず、日本の為にもなるのだから。中国の民衆はいまだに石炭ストーブを日常的に使用している。

例えば農薬・化学物質汚染。これは空気にも水にも多大なるダメージを与える。しかも厄介なことに農薬や化学物質は年々蓄積されて、地球の水と空気と土を汚染し続ける。マイクロプラスティック（プラスティック容器などが劣化し微細に砕けて海水中に漂う粉塵）も同様にして海水を汚染し、海中の生物に多大なるダメージを与え続けている。

例えば絶滅危惧種の問題。絶滅を危惧されているのは動物や植物だけではない。実は少数の、民族とか言語とか文化なども、その絶滅が大いに危惧されている。技術や経済のグローバリゼーションが進めば進むほど、絶滅の危険性も高まる。

これらの諸問題はすべて環境の問題とリンクしていて、数え上げたらキリがないし、とてもワシら老人の手に負える代物でもない。健康で賢い若者たちに未来を託すことにしよう。

若者たちよ、地球環境問題を一つずつ根気よく解決する努力を続けて下さい。

地球環境がダメになったら火星に移住しよう、などというバカげた話があるが、それは無理。人体は地球の重力や水や空気によって創られ進化したものだから、地球以外の環境で長期に亘って生存することは不可能。また、ロケットで打ち上げても数名しか運べないものを、どうやって70億人もの人間を運ぶのだ。話の本質をそらしてはいけない。

我々人類は地球環境を守ることしか他に生存の方法は無いのだ。そのことを未来ある若者に託すほかはない。パンタ　ヒュードラ　エイナイ（万物は水である）と言った古代ギリシャの哲人の言葉は、案外と現代世界における環境問題の本質を言い当てているのかも知れない。

3．4　里山から見ると日本の様子がよく分かる

年金生活となって里山から世間の様子を見ていると、日本の様子が実によく分かるものだ。何故ならば、まず、私、里山ジイジは現役を退いて経済活動から撤退したが故に、利害得失を離れ物事を公平に見ることが出来る。それに加えて、都市部を離れて田舎で暮らしているが故に、人々が活動する世間というものを外部から客観的に観察することが出来る。

日本の来し方を振り返ってみると、日本は戦後の焼け野原から立ち上がって経済復興を遂げ、やがて経済大国の称号を得るまでに発展した。しかし、今や欧米に追い付いたと錯覚する日本は、繁栄と裕福の中にあって政治的にも経済的にも問題を抱え、やがて自己のアイデンティティーを見失いつつある、というのが現状だ。

現代日本は欧米に比べて良い点も沢山あるが、まだまだ至らない点もこれまた沢山ある。それらは大まかに見て三点、「戦後民主主義」の未熟性、日本社会に根深く残る「封建的体質」、そして「グローバリズム」の脅威、これらに収斂されるだろう。

１８６８年に明治維新が断行された。しかし、これは文字通り維新であって革命ではない。何となれば、明治維新では被支配階級の農工商民に直接的な役割は全く無かったのだ。明治維新では、元もと支配階級にあった下級武士が上級武士から政権を奪い取って、数々の近代化政策を推し進めたものだった。

従って、革命の定義その一、被支配階級が支配階級を武力で打ち倒す。革命の定義その二、王または最高権力者を処刑する。この二点いずれも明治維新では行われず、革命としては中途半端で、支配・被支配の関係は逆転せず、身分差別は第二次大戦終結まで残った。つまり、フランス革命は民主主義の始まりと捉えられるが、明治維新は近代化の始まりではあったが、日本における民主主義の始まりではなかった。

革命と維新の違いはもう一つある。革命は同国内における支配・被支配関係の逆転を目指すものであったが、維新は「外国によって支配される」という危機感から生まれた支配階級内部での政権交代であった。その危機感とは、維新の28年前に起こった「アヘン戦争」及び維新の12年前に起こったアロー号事件と第二次アヘン戦争の現実。そしてインドや中国の植民地化という現状。それらは現実的かつ非常に切迫した外圧であった。

しかし維新は維新、革命ではなかったが故に、明治・大正・昭和の20年まで日本社会の封建的体制は続いた。その社会とは、華族と平民という苛烈な身分差別があり、過酷な職業差別や男女差別が公然と行われ、軍人・役人・警察が威張り散らす、非民主的で実にイヤな世の中であった。それが太平洋戦争敗戦によって、日本は現人神を戴く神懸った封建体制の国から、突如として科学と理性を重んずる民主主義の国へと変わった。これをタナボタ民主主義と言い、日本国民が自力で勝ち取った民主主義ではなかった。

そして、フランス革命に遅れること156年、1945年ついに日本の民主主義が始まった。それは占領軍が哀れな敗戦国日本に与えた「財閥解体」「農地解放」「婦人参政権（男女平等）」というプレゼントであった。しかし、これとて平民庶民が権利を勝ち取ったという訳でなく、戦勝国から与えられたタナボタの民主主義であった。だからこの戦後民主主義はあまりにも理想主義的で現実直視の視点に欠け、民主主義の実験や試行錯誤の経験に乏しい、未熟で幼稚な民主主義であった。

さらには、明治維新でも戦後民主主義でも日本国民はいつも受動的で、民主主義的政策は常に官僚主導で行われてきた。明治・大正・昭和の20年までは明らかに官尊民卑の社会であった。そして戦後民主主義においても官主導の「民主主義ならぬ官主主義」であることには変わりがなかった。実際に国民を支配しているのは中央省庁であって国民自身ではない。この辺が西欧型民主主義と日本の戦後民主主義の大きな違いだ。それは民主主義の為に国民が実際に血を流して戦ったかどうか、という違いから来たものだ。

そして現在２０１６年、日本は終戦の年１９４５年からようやく71年間、民主主義の実験と試行錯誤を経験しただけの民主主義後進国だ。この時点で成熟社会の西欧は２００年以上の実績を持つ民主主義先進国と言える。だから今こそ日本は、いわゆる戦後民主主義を卒業して、成熟社会にふさわしい国民主導の真の民主主義を確立すべきなのだ、と思う。その為の問題点を整理しておこう。

3.4 ① 戦後民主主義の未熟性。

いわゆる日本の「戦後民主主義」の第一の特徴は、官主導のあまり民主的ではない「官主主義」のような未熟な民主主義であった。それは明治以来行われてきた官尊民卑、即ち官主導の民服従という伝統を引き継ぐものであった。それ故「戦後民主主義」においても、官僚と公務員が国を支配し国民はそれに従うという構図の、後進的民主主義が行われた。しかも官僚と役人はいかなる場合も責任を取ろうとしないで、責任の所在を曖昧にするような巧妙な統治システムを作り上げた。

「戦後民主主義」の第二の特徴は、自由と権利ばかりを主張して責任と義務を回避する、あまりにも幼稚で未熟な民主主義であった。成熟社会の西欧では、自由には重い責任が伴い権利には厳しい義務が付きまとうのが常識。戦後にタナボタで手に入れた日本人は、民主主義とは自由と権利だけの甘いものだと勘違いしてしまった。それは政界官界財界を始め、議員でも役人でも法人でも一般国民でも全く同じ、私権の要求ばかりで公益を全く考えない幼稚で我儘な民主主義なのだ。

例えば「少年法」の問題。今や選挙年齢が20歳から18歳に下げられた。さて刑事責任は何歳から適用されるのでしょうか。選挙権という権利を与えるだけでなく、同時に刑事責任とか大人の義務が派生することを、政治家はもっと議論しなければならない。この点は政治の大きな怠慢だ。自由と権利は保障されているが、同時に果たすべき責任と義務はどう担保されているのか。２０１６年の新聞記事を見るだけでも、次から次へとこの種の義務と責任の欠如した事件ないし事案が続出している。

「厚生年金逃れ」（政の怠慢）。「厚生年金加入資格者で未加入者が２００万人あり」この人たちは将来、低年金または無年金になりかねない。保険料負担を逃れようと無届の事業所が全国で79万もあるという。安倍ちゃん！　三本の矢の中に、この79万事業所が保険料支払いできるような経済政策を入れて下さい。どうかお願いします。

また、79万事業所よ！　従業員すべての保険料納付できるよう企業努力しなさい。それが最低限の企業責任というものだ。財界はそれを支援する義務がある（財の怠慢）。

「スキーバス転落事故で14名死亡」（官と財の怠慢）。その殆どが前途ある大学生であったことは誠に痛恨の極み、何とも痛ましい事故であった。バスの運行会社にも責任がある。法定以下の低料金で発注した旅行会社にはより重い責任がある。法令を守らせなかった監督官庁には最大の責任がある。この運転手は、実は制度の被害者だ。運転手の待遇を良くして、安全運転の技能者だというプライドを持たせることが、官界と財界の義務だ。

人命軽視は民主主義の敵なのだ。民主主義にとって厳罰主義は必要なことで、誰も守らない法令は無いも同然。法令など破ってもペイするなら、ビジネスとして成立するのが「資本主義」なのだ。我が国は資本主義を経済の原則としているが故に「金さえ儲かれば勝ち組」という悪しき慣習が蔓延している。無数にある商売の中でも、人の命に係わる商売を扱う会社には厳しい企業責任が求められる。それらの企業を監督する官庁には特段の厳しい監督義務がある。

「大阪府警5000事件捜査放置」（官の怠慢）。これなどは、何をか言わん。開いた口がふさがらない。警察は、権力も財力も無い庶民の最後の拠り所なのだ。シッカリして下さい。これは人権軽視の最たるもの。日本の「戦後民主主義」では、加害者の人権ばかり保護されて、被害者の人権は殆ど保護されてこなかった。民主主義社会では、警察を始め公務員には特に厳しい義務と責任があるのです。（追加・7月に上記5000事件の中には十数件の殺人事件など、重大犯罪が含まれていたことも判明）

「教科書3社、教委にも謝礼」（財の怠慢）。これは明らかに賄賂です。教科書会社10社が約4000人の教員に検定中の教科書を見せ謝礼を渡した。そのうち3社が現役の教育委員会委員に謝礼として現金を渡した。教育委員会は教員の権利と義務を監督するところ。それが賄賂を貰っては話になりません。この人達も貰いたくて貰ったわけではない。「金儲け資本主義」の罠にハマったのだ。「瓜田に靴、李下に冠を正さず」教員および教委には、子供たちに対して特別に厳しい義務と責任があるのです。（これまた同年・7月、上記のうち数社が、完成品の教科書を数校に無償で提供していたことが発覚）

以上のごとく2016年の新聞記事を見るだけで、政治や役所や企業による事故・事件・

不始末の原因が、責任感の無い自由と義務感の無い権利に基づく戦後民主主義の弊害として、表面化しているのが分かる。しかし今や21世紀、未熟な「戦後民主主義」を卒業して、日本も成熟社会にふさわしい責任ある民主主義を確立すべきだ。その為には厳しいようだが、政治家も役人も法人も、人命や人権に関する法令違反に対しては、今よりももっと厳しい罰則が必要。

民主主義社会とは、法令と契約によって成立する。法令が守られず契約が破られるならば、民主主義は根底から崩れる。現代民主主義に時代遅れの封建道徳は必要ない。我らの安倍ちゃん！　道徳教育の必修化なんてバカなことは止めて、「民主しゅぎの　決まりと約束」という教科を必修化してはいかがですか？

3.4 ② 日本社会に根深く残る封建的体質

田舎暮らしはノンビリして誠に快適なのだが、何か暮らし辛さのようなものも感じる。それは日本の田舎ならどこにでもある封建的な古い体質のことだ。今でも田舎には、村人の中に序列があって、その上位の者が利権を独占する。それを実力者と言い、家柄と言う。序列の延長としての女性差別もある。見かけはのどかでも、封建的な体質、封建的な気風、封建的な価値観が色濃く残っている。

しかしこれは田舎だけのことではない。日本という国は、実は都会でも同じことなのだ。あらゆる分野、政界でも官界でも経済界でも、内部は小さな村社会に分かれていて、そこは同じ封建的な体質、封建的な気風、封建的な価値観という原理が働いている。日本的組織の内部で人間は垂直な上下関係の中で扱われる。それは、人間はすべて水平関係にある西欧的民主主義から見ると、かなり異質な世界なのだ。

昔の封建制度の下では、まず絶対的な身分差別があり、人間関係は厳しい上下関係として捉えられた。そして新参者は最下位の者として扱われ、男尊女卑も官尊民卑も先輩後輩もこの上下関係の延長線上にあった。従って、封建的な組織において上位の者は下位の者を、業務上の「管理」ではなく、全人的に「支配」していた。ついでに、利権はすべて上位の者が独占していた。

日本社会に封建制度は無くなったが、封建的価値観・封建的身分意識・身分差別感情は、いまだに無くなってはいないのだ。戦後民主主義70年の試行錯誤の中でも、「御恩と奉公」に始まる封建的身分意識、例えば、「親分子分」「官尊民卑」「男尊女卑」「序列に分際」、こうした差別感情を克服することが出来なかった。「21世紀型民主主義」においては、身分差別感情のような封建的遺物は捨てなければならない。しかし、今、平成の時代には、こうした封建的価値観から脱却しようという動きが見え始めてきた。

政治の世界では、議員は特権階級だと誤解している者が居て、高額報酬や政務活動費の私的流用が自分達の特権だと勘違いしている。この点で名古屋の河村市長は正しい。議員とは特権階級などではない。本来はボランティアで働くものなのだ。議員の権力とは、有権者一人一人の小さな市民権を集めてお借りしているだけではないか。日本で女性議員が増えないのは、国会議員からして「男尊女卑」の差別意識があるからだ。議員の世界は上から下まで、「親分子分」「先輩後輩」「男尊女卑」「序列に分際」

役人の世界では、いまだに「官尊民卑」の意識の抜けない者が多い。公務員とはソーシャルサーバント（公僕）のことだ。新人の頃はまだそう思って働くのだが、課長となり部長となると、自分は何様かという程の人格肥大を起こす。それは役所の組織があまりにも閉鎖的で封建的な上下関係で動いているからだ。局長クラスになると、もう殿様気取りで、私立大学の教授に天下りさせろと要求する。実に見苦しい。日本の官僚はこんなに浅ましくも低劣だったのか。

経済の世界はもっと酷くて、今でも商家の封建道徳そのまま。すなわち「滅私奉公・上意下達・批判禁止」が三点セットで、新入社員を奴隷のような丁稚奉公人として扱う。そのような封建的な企業風土の中でハラスメントが行われ、その犠牲となって自殺する者が後を絶たない。セクハラ・パワハラ・モラハラとは、近頃よく聞くようになった言葉だが、その行為は昔からあったし、昔はもっと酷かった。しかし、平成の時代になって、ようやく言語化され、日常的に意識されるようになった。今は大企業となっている会社でも昔は商家で、奉公人の人格なんてものは認められず、いつもガミガミ怒鳴られ（モラハラ）、どんな理不尽な命令にも逆らえず（パワハラ）、女奉公人は夜の務めもさせられた（セクハラ）。

例えば、「電通」の問題。大切な新入社員を過労死という形で自殺に追い込んだ。この会社は1週間に10時間しか睡眠時間を与えなかった。これは単に労働基準法違反というだけでなく、健康に生きる権利つまり基本的人権の侵害であり、超過勤務という名の拷問なのだ。そして、本人の心や感情や自尊心までもズタズタにする程の、人間の尊厳にかかわる犯罪なのだ。昔の大日本帝国軍隊が、大切な兵員の人間の価値を一銭五厘だと言い切って、塵芥《ちりあくた》のごとく軽視した時代と全く同じ心理構造なのだ。

例えば、「ブラック企業」の問題。会社側は「滅私奉公」が当たり前だと思い込んでいる。しかし、平成の民主主義で育った若者が「滅私奉公」など出来る訳がない。特に近頃の人権教育や平和教育で育った若者は、会社のやり方に異を唱え、上層部を批判する。すると会社側の盛大なセクハラ・パワハラ・モラハラが始まる。人の子の親としては、こんな会社に我が子を置いとく訳にはいかない。一刻も早く辞めさせたらよい。

例えば、「公益通報者保護法」の問題点。この法律があっても日本では「内部告発者」が全く保護されていないのだ。その意味で日本はまだまだ民主国家とは言えない。封建日本では家老の不正を暴いた武士は、その事ゆえに切腹しなければならなかった。現代日本の企業においても、コンプライアンスより封建的な企業内秩序の方が優先される。公益を考え、やむにやまれず告発した「内部告発者」は見殺しにされる。日本の「公益通報者保護法」は、「内部告発者」を十分に保護せず、報復行為に対する罰則が無く、内部告発を受け付ける専門の行政機関すら無い。日本国の現行の民主主義はまだ封建的気風を残した、正義よりも忠義を尊ぶ、異質で時代遅れの民主主義と言わざるを得ない。

この、社会正義よりも私的忠義を上位の価値とする封建的な変則民主主義は、日本のあらゆる分野で見られる。大病院でしばしば起こる医療過誤で、告発しようとした医師や看護師が左遷ないしは格下げになり、食品会社で賞味期限偽装を告発した社員が首になったりした。少し前になるが、日本各地の警察署で裏金作りが問題化した時も、裏金作りに協力しなかった警察官が左遷され、やがて退職に追い込まれたことがある。

例えば、「女性管理職の問題」。日本政府は「女性管理職の割合を2020年までに30％程度まで引き上げる」と言っているが、2016年現在でその達成率（国内主要114社）は僅か10％ほどに過ぎない。もちろんこれは先進国中最低の数字であり、あと4年間で30％にまで引き上げるのはほとんど不可能と思われる。その原因は日本企業の封建的な体質にある。そもそも日本企業における採用から社内配置、昇進制度や賃金体系に至るまで、すべてが封建的で序列的で女性差別的に出来ているのだ。

例えば、「三菱自動車、燃費データ偽装」。2000年に「リコール隠し」不祥事で経営危機にまで至った企業が、何の反省も改善もしていない。一般的に見て、旧財閥系企業やそれに準ずる大企業は組織内部が硬直化し、企業体質が封建的かつ官僚的で、社会正義よりも私的忠義ばかりを重んずる。だから25年間も燃費データ不正を続けていて、誰も内部告発者が現れなかった。

この大企業でも、日本的封建制度の三原則「滅私奉公」「上意下達」「批判禁止」が固く守られてきた故に、組織疲労および制度疲労が極限にまで進行した。日本は戦後民主主義を70年しか経験していない。しかもそれは700年間も続いた封建制度の強い影響のもとでの民主主義体験だ。日本の戦後民主主義とは、西欧に156年も遅れた未熟な民主主義である上に、日本独特の封建的気風の混在した変則民主主義でもある。

しかし今や日本も「戦後民主主義」を卒業して、「21世紀型民主主義」に生まれ変わらなければならない。平成の時代には、まず日本社会に残る封建制度の残滓を捨てなければならない。「滅私奉公」を捨てて「有私貢献」にする。「上意下達」と同時に「下意上達」を認める。「批判禁止」ではなく「批判歓迎」にしなければならない。

ところで、実は西欧にもフューダリズム（封建制度）は存在した。本領安堵つまり領地を認める点では同じだが、条件設定が全く違う。日本の封建制度では御恩と奉公によって主従関係が永続する。しかし西欧のフューダリズムでは、一枚の契約書によって一時的な主従関係が成立するだけだ。それ故、主従のどちらかに契約違反があれば直ちに主従関係は解消、裏切り背反、契約解除など日常茶飯事ということになる。キーワードで見ると、

日本的封建制度……御恩と奉公・永続的主従関係・儒教的性善説・人治主義

フューダリズム……契約書・一時的主従関係・マキャベリズム的性悪説・法治主義、

このような本質的な相違がある。

平成時代の若者は永続的主従関係を望まず、もっと自由な生き方を求めている。御恩（給料）と奉公（長時間労働）で一生のあいだ縛られるよりも、短期契約で良いから一枚の契約書で賃金と期間を決め、定時に帰れるような生活が良い。今どきの若者は誇り高くて、自由の価値を知っている。だから正社員となって上司から怒鳴られたり、長時間残業したり、私的忠義に縛られる理不尽などには耐えられない。新入社員の30％が辞めてゆくのも当然で、彼らは今や滅私奉公などという古い封建道徳に騙されはしない。

さらには「和を以て貴しと成す」という言葉に騙されてはいけない。形式的な全員一致ほ

ど封建的なやり方は無い。和を以て貴いのは一人だけで、他の者は皆我慢しているのだ。民主主義では皆が違った意見を持っていて良い。金子みすゞの言う通り、「みんな違ってみんなイイ」のだ。少数意見も多数意見も大いに述べて、大いに聞いてやることが大切。しかし、意見が出尽くしたら多数決で決め、決定されたらそれに従う。それが、ようやく平成時代から始まった成熟した民主主義というものだ。

3.4 ③ グローバリズムの脅威

日本の戦後民主主義は焼け跡復興から順調な経済成長と共に発展を続けた。その経済成長の直接の要因は、1950年に勃発した朝鮮戦争による復興特需であった。何しろ武器弾薬をアメリカ本国から運ぶよりも、技術力のある日本で調達した方が安くて早い上に、性能が良い。日本の敗戦から僅か5年後に起きた朝鮮戦争は、資本主義国と共産主義国の真正面からの対決であった。

同じ資本主義国、日本の重要性に気付いたアメリカは、翌1951年サンフランシスコ対日講和条約によって日本の国際社会復帰を認めた。その後の日本経済の発展はめざましくて、その10年後には高度経済成長時代を迎えた。民主主義体験の乏しい日本が何故にかくも短期間に高度経済成長を成し遂げたのか。その要因は色々あるが、まず以て日本の教育水準の高さがあり、伝統工芸から続く技術力の高さがあった。さらには、もともと封建的な社会体制が資本主義の発展に有利に作用したことにある。

昭和の高度経済成長時代に確立された日本企業の体制は、「終身雇用」「年功序列」「企業内労働組合」というものであった。これは日本独特の封建的な社会体制で、世界に類を見ない不思議な形態だ。滅私奉公が当たり前と信じる当時の日本人にとっては目的合理性にかなった社会システムであった。しかし今現在、平成の御代から見ると、これは非効率的で非民主的な、時代遅れのシステムとなってしまった。

何故ならば、「終身雇用制」は御恩と奉公に由来する封建的な、永続的主従関係を強いるもので、これが社会正義よりも私的忠義を上位の価値とする日本の企業風土を作り出した。しかも、封建道徳の一つ「滅私奉公」の「公」はパブリックを意味しないで、仕えるべき主家を指しているに過ぎないからだ。これがそもそもの間違いの元なのだ。

さらに「年功序列」は生産効率よりも社内秩序を優先し、「企業内労働組合」は会社の存続の方が労働者の人間性よりも優先するという、つまり私的忠義の方が社会正義よりも優先するという日本独特の企業風土を生み出した。その企業風土とは、「滅私奉公」「上意下達」「批判禁止」であった。そのような非民主的な企業はパワハラ・モラハラ・セクハラの温床となり、やがて平成の時代以降には社会の批判を浴び、遠からず絶滅するだろう。

さて、グローバリズムの脅威について考えよう。日本における資本主義はある面で日本独自の発展を遂げてきたが、バブル崩壊以降に事態は変わってきた。それはグローバル化という名のもとに日本に入ってきたアメリカ流商法であり、それこそが資本主義の恐ろしい正体なのだ。それは「力は正義なり」を根本原理として、情け容赦なく、力づくで一部の者だけが利益を独占するようなやり方の資本主義だ。

グローバリゼーション：本来のグローバリゼーションという言葉は地球（グローブ）規模で、人・物・金が国境を越えて移動することを意味した。それは20世紀初頭のアメリカにヨーロッパから、特に南欧・東欧・ロシアから、1千数百万人の移民が流入した時から始まった現象だ。貧しい国々から豊かな「新世界」アメリカへと、或る意味でそれは自然な流れであった。

グローバリズム：しかし、グローバリズムという言葉になると意味合いが大きく変わる。それは、「これこそがグローバル（地球規模）の世界標準だ」というような、アメリカの流儀ないしはルールの押し付けがある。それゆえ我々はグローバリズムという言葉に、何か得体の知れない脅威を感じてしまうのだ。だから、グローバリズムは、人・物・金に次いで、流儀ないしルールが国境を越えて移動することだと理解すべきなのだ。

グローバル化：日本語でグローバル化と言うとき、グローバリゼーションとグローバリズムを区別せずに使っている。区別できない場合もあるし区別しない方が便利な場合もある。グローバル化によって、人・物・金が移動するということは大きな問題となる。

例えば、人の移動の場合：移民・難民の大量流入はその国に多大な経済的損失を与えるだけでなく、治安状況の悪化という深刻な事態をもたらす。

例えば、物の移動の場合：生産拠点の移転や輸出入の問題。生産拠点の転出がその国の産業空洞化をもたらす。さらに輸入超過はその国の経済に深刻なダメージを与える。輸出入の不均衡は経済戦争に発展することもある。

例えば、金の移動の場合：これが大問題。生産拠点が転出すると、その国の労働者に金が回ってこなくなる。その分の金として、転出企業の資本家に莫大な純利益が転がり込む。こうして大富豪が超富豪になり１％が富と権力を独占し、99％の低所得層を生み出す。さらに、超富豪は自分の金をタックスヘイブンに移動させて税金を払わない。多国籍企業も同様にマネーロンダリングさせて大金をため込む。

例えば、流儀またはルールの移動の場合：ＥＵは平和主義・人道主義と言う理念を域内全域に広めた。結果、ＥＵ各国で移民や難民受け入れ拒否という反グローバリズムが起き、イギリスはＥＵから離脱した。

現実のグローバリズムは、その仮面の下に恐ろしい正体が見え隠れしている。それは、これが世界標準だと言い張って、アメリカの特殊なルールを他の国々に強制することだ。その正体とは「金融経済が実体経済を支配すること」に他ならない。それはキャピタリズムの本質でもあり、1％が99％を支配することでもある。その1％とは、超富裕層（ビリオネアどころかガジリオネアと言うらしい）のことであり、彼らに協力するインテリとエリート集団のことだ。彼らをまとめて既得権益層と言う。

アメリカにおいて富と権力が1％に集中してしまった。その過程を探求すると、ニクソン政権時代にまでさかのぼる。ニクソン政権が中国との国交を回復すると、アメリカの資本家はこぞって中国へと生産拠点を移転させた。その結果アメリカ産業の空洞化が起き、アメリカの中産階級の仕事が奪われて所得は減少し、資本家の手元にだけ純利益が集中した。大富豪は超富豪へと変貌し、彼らの集めた金は金融機関を肥大化させた。

レーガン政権時代になると、アメリカ企業の海外移転が中国以外にも激しい勢いで増加した。さらにこの時代、金融経済に対する数々の規制が緩和されて、金融機関はますます巨大化して力を蓄え、ついには実体経済よりも金融経済の方が大きくなった。こうした政策はブッシュ・ジュニア政権下でも推し進められ、さらなる規制緩和が成された。

こうした状況の中でリーマンショックが起きると、アメリカ白人の低所得層は「俺たちの金が強欲なウォール街の奴らに盗まれたのだ」という印象を持つようになった。さらには「頭のイイ奴ら（インテリ）が権力者（エリート）とつるんで俺たちを騙しているのだ」と疑うようにもなった。こうして低所得層アメリカ白人は「反エリート主義」「反インテリ主義」を掲げるようになった。

グローバリゼーションおよびグローバリズムの結果を見ると、ヨーロッパでは移民・難民の移動が大問題となっている。アメリカでは巨大な格差が問題になり、反グローバリズムの一環として反理想主義、つまり露骨な人種差別や宗教差別が顕在化してきた。何よりも世界規模で、金（マネー）が移動してたった1％のところに集中していることが大問題だ。いまや、巨大な格差がアメリカにも世界にも蔓延しているのだ。

これと似たような状況を我々はどこかで見たことがあるような気がする。世界史においてある時期に金（ゴールド）が移動した時があった。大航海時代だ。白人が移動して、ついでに武器弾薬も移動して、同時に中南米の金（ゴールド）がヨーロッパに大量に移動した。その金（ゴールド）の一部がスペインやポルトガルの教会の祭壇を飾った。

当時の後進国イギリス・フランスは、当時の先進国スペイン・ポルトガルのやり口を野蛮で卑劣だと非難して、今度は自分たちが三角貿易の主役になった。ヨーロッパから武器弾薬がアフリカに移動して黒人奴隷が沢山集められた。黒人奴隷は新大陸に移動して綿と砂糖のプランテーションで働かされた。綿も砂糖も中南米からヨーロッパに移動した。この過程において数%の人に莫大な金が集まった。

こうした観点で見ると、あの時代に日本が鎖国したのはキリスト教を禁止するというよりも、もっと現実的な問題があった。当時の日本では銀の価値が金の半分ぐらいであった。つまり、江戸の金本位制と大阪の銀本位制で、銀はほぼ金の半分の価値で交換されていた。しかし、当時の世界で金は銀の6倍の価値があった。メキシコの銀を日本に移動させて、日本の金と交換すれば世界の相場の数倍も儲かる！　実際にそれが行われて、日本の金（ゴールド）が大量に国外に移動した。徳川幕府は慌てて鎖国したという次第だ。

グローバリズムは今に始まったことではない。実質的に大昔から行われていたのだ。昔々大昔、太古のユーラシア大陸では農耕民族が秋の収穫を迎えると、狩猟と遊牧の民は移動の時期を迎える。農耕民は穀物と家畜で豊かな実りを迎えるが武力は脆弱だった。ところが狩猟と遊牧の民は馬に乗り、騎射にたけ、日々日常の動作がそのまま戦闘訓練になっていた。結果は明らかで、農耕民の収穫は常に狩猟と遊牧の民の餌食にされていた。

農耕民の出来る唯一のことは、自分たちの国をグルリと城壁で囲んで守ること。中央アジアに残る古代の遺跡も、古代ギリシャの都市国家（ポリュス）も中国に残る古代の城郭都市もそのことを物語る。その証拠に、国という漢字は城壁が取り囲んで王様を守っている構図

なのだ。閑話休題

3.5 ① 石見人と出雲人の島根県

この辺り島根県の中西部は石見《いわみ》の国と呼ばれていた。県東部の出雲の国とは随分と様子が異なる。一般的に、出雲人は陽気で外交的で商業民的センスがあり、石見人は堅実で内向的で農業民的だ、と評価される。これはあくまでも一般論であって、個人差を見れば正反対の人も居るので分からない。ただし島根県人としてみれば両者ともに芸術的センス抜群で、天才と呼ぶにふさわしい人材を数多く輩出している。

昔なら出雲阿国《いずものおくに》が有名だ。歌舞音曲を「阿国歌舞伎」として完成させ一世を風靡した、と伝わっている。もっと昔を考えれば、その道で歌聖と尊敬される柿本人麻呂が居る。近代では、石見人の森鴎外が有名。軍医として軍籍にありながら、文学への情熱止み難く数々の作品を残した。ファッションデザインの先駆者、森英恵さんも石見人だ。世界のスーパースター錦織　圭選手は島根県民の誇りだ。

島根で忘れてならないのは小泉八雲。父はアイルランド人、母はギリシャ人でイギリス国籍だった。少年時代を厳格なカトリック神学校で過ごした彼は、19歳でアメリカに渡りジャーナリストになった。新世界アメリカで若きハーン青年は、余りにも過酷な人種差別と厳格な宗教差別を目の当りにした。当時のアメリカでは白人優位主義とキリスト教至上主義が蔓延していたのだ。40歳で日本にやって来た彼はこの地で、宗教にも人種にも寛容な日本人を見て、「これこそオープンマインドの国だ！」と感激した。こうしてラフカディオ・ハーン氏は、小泉セツと結婚して、小泉八雲という日本人になった。

文学やファッションや芸能スポーツの面で多くの天才を輩出した島根県とは、自然豊かで気候は穏やか。山の幸・海の幸・里の幸も豊かで、人情は細やかである。また旧暦10月には日本中の神々が集まって会議をするという、神有月の神話の国でもある。さらに大昔を訪ぬれば、大和王権に国を譲って出雲大社に鎮座まします大国主命と八上姫との大ロマンスの話もある。かくのごとく、島根県とは大自然と神々のおわす日本の中の日本、言わば日本の中心なのです。鳥取県の左側などと言ってはいけません。

その石見の国で畑を耕しながら東の方角を見ると、日本海から次々と雲が沸き上がり、三瓶山やその先の大山《だいせん》の方角に流れてゆく。確かに「八雲立つ」は枕詞というだけでなく、出雲の国の現実の姿なのだ。「八雲立つ　出雲八重垣　妻ごみに　八重垣作る　その八重垣を」と櫛名田姫を妻とすることが出来た喜びを、歌い踊りながら表現した素戔嗚尊《スサノオノミコト》も案外ただの乱暴者ではなかった。この歌は日本最古の和歌だと言われている。だからスサノオさんも立派な芸術家だったのだ。

それどころか、西のペルセウス・東のスサノオと並び称されるほどの英雄なのだ。スサノオが八岐大蛇《ヤマタノオロチ》を退治して櫛名田姫を手に入れた話と、英雄ペルセウスが凶暴な海竜を退治して、海辺の岩に鎖で縛られていたアンドロメダ姫を救い出し結婚した、というこの二つの話は実は全く同じものだ。遥か離れたユーラシア大陸の西と東に同じモチーフの神話が伝承したというのも、何か我ら中高年のロマンを掻き立てる。太古の昔のユーラシア大陸を、人々は今よりずっと自由に移動していたのだ。

3.5 ② スローライフのスローな歳時記

石見の国でも中国山地のすぐ北側にあるこの辺りでは、冬ともなれば雪が降り、やがて50センチもの深さに積もって農作業が全くできない。
だから畑仕事の開始は、
3月3日、桃の節句頃、雪が解けてからようやく始まる。雪がまだ解けきらぬうちは、薪ストーブの灰を雪の上に蒔いて雪解けを促す。雪が解けたら畑を起こし、畝を作る。畝には前年に集めた落ち葉の堆肥をタップリすき込む。素人農業は手作業と有機栽培、それに露地栽培が基本だ。ハウスを使わず、手間を惜しまず、経済合理性を求めない。

4月4日、清明の頃ともなれば、目にはさやかに見えねども、雑草が生え始める。「上農は草を見ずして草を曳く」と昔の人は言いました。この頃が大事なのだ。雑草が伸びたな、と思う頃は既に時遅し。大変に手間がかかる。今の時期に一通りの除草作業をしておけば後が大変楽になる、とは物の道理だが、なかなかそうはいかないのが人情だ。

5月5日、端午の節句頃、夏野菜の植え付け。苗はホームセンターで買う。昔は種苗店というものが有ったのだが、今では何でもホームセンターで買う。ここで夏野菜とは、トマト・キューリ・ナス・オクラのこと。これらナス科の野菜は、どういう訳か猪も見逃してくれる。トマトでも大玉トマトは梅雨時の雨で腐るので作れない。ミニトマトなら露地でも立派に育つ。キューリにはカラス除けのネットを張る。ナスも小さな苗をカラスがつつくのでネットを張らねばならない。梅雨前の草取りもけっこう手間がかかる。

6月6日、芒種の頃、前年11月に植え付けた玉ネギ400本とニンニク200本の収穫。玉ネギとニンニクは保存がきくので一家4人の一年分が確保できる。玉ネギは葉っぱが倒れたら、ニンニクは葉が枯れないうちに収穫する。引き抜いた玉ネギ・ニンニクは葉と根を切り落として天日干しにする。梅雨の合間の晴天を選んで何度でも天日干し。白玉ネギは、シチュー・肉じゃが・カレーライス・スパゲティーなど何にでも使える。赤玉ネギはサラダで頂く。血液サラサラ、疲労回復、健康寿命の強い味方だ。

7月7日、七夕の頃、夏野菜の収穫で忙しい。梅雨のさなか、少しでも晴れ間が見えるとミニトマトが色づく。雨続きではトマト色にならない。やはりトマトは太陽の子だ。赤く色づくとカラスがつつくので、鳥よけネットを張る。キューリは毎朝ほどよい大きさで収穫しないと、次の日には巨大なヘチマの様になってしまうから要注意。ナスは少々細くても、中の種が出来ないうちに収穫するのが良い。その方が断然美味なのだ。

8月8日、立秋の頃、盛夏の夏野菜がうまい。ミニトマトは洗ってザルに入れておけば、家族の誰かが通るたびに口に入れ、半日で無くなる。ミニトマトは四半分に切り、赤玉ネギはみじん切りで、塩・コショウ・酢・サラダ油で健康サラダ。キューリは三杯酢・糠漬け・冷やして味噌河童がうまい。ナスは縦半切り、サラダ油でフライパン焼きの和洋折衷焼ナスが最高。醤油をチョットかけて食べる。ナスは油と醤油の相性が良いのだ。こうして頂くとビールの消費量が増えて、カミさんに叱られる。

9月9日、重陽の頃、夏野菜はナスを除いてほぼ終了。栗の収穫が始まる。栗も猪の大好物なので大変だ。早起きして栗拾いのつもりが全然ない。猪は真夜中に出没するから早起き競争ではかなわない。そこで栗は夕方に収穫する。昼間に落ちた分を拾い、茶色に色付いているのにイガがまだ割れてない分を竹竿で引き落として収穫する。猪には一粒もやらない。

一粒でも喰わしたら大変、毎日毎日やって来る。猪は嗅覚も鋭く記憶も良くて、あの見かけに似合わぬ賢い動物なのだ。

10月8日、寒露の頃、まだ早いがそろそろ冬支度を始める。薪を割って日当たりの良い納屋の軒下に積み上げる。ひと冬で1トンは必要だ。1トンとは軽トラで3台分。鉞（まさかり）でパカンと割れると実に気持ちが良い。この薪も、立ち木をチェーンソーで切り倒して1年間放置。2年目に30センチの長さに切って乾燥。3年目の今年ようやく薪として利用できる。あとやることは、玉ネギ・ニンニクの為の畝作り。堆肥をタップリと入れる。

11月3日、文化の日、玉ネギの苗を植え付ける。穴あきマルチという便利なものが有って、15センチ間隔に空いた穴に植え付けてゆく。畝の長さ7メートル程で50本ぐらい植えられる。マルチ（黒ビニール）は地温を高め、雑草をはやさぬようにしてくれる。これから雪が降るまでが忙しい。庭木や果樹の植え替えや定植に剪定作業。お山の木々が枯れたら落ち葉集めが大変だ。峠の辺りまで軽トラで行き、レーキでかき集め、フォークで荷台に積み上げる。足で踏み固めてまた積み上げる。こうして軽トラ3台から4台分を畑の隅に積み上げて来年の堆肥にする。杉の枯葉が落ちてきたら拾い集めて着火剤にする。

12月25日、クリスマス寒波で大雪になれば、これが根雪となって以後50センチの雪に埋もれて農作業は出来ない。しばし3か月の休業。これからは薪ストーブが大活躍。石油ストーブは非常用に所有はしているが使ったことが無い。石油ストーブの匂いを数時間も嗅いで居ると頭が痛くなり吐き気がしてくる。薪ストーブは少々煙たいが、自然な木の香りがするので癒される。何よりも薪の火の色が美しい。

雪に埋もれた冬場の楽しみはスキーが出来ること。広島や島根にスキー場が沢山あるということを東京の人は知らない。中国山地は昔から雪深いところで、冬になると村ごと集落ごと雪に埋もれて孤立することがあった。だから冬場には穀物の備蓄と保存食の蓄えが重要であった。中国山地の山村では昔から正月の楽しみとしてワニの刺身が珍重された。ワニとは、古事記でもサメのことであったが、そのサメの刺身を今でも大切にしている。冷蔵庫の無い時代、昔の台所は冷蔵庫よりも寒かった。その時代以来の伝統なのだ。２月の末にはこの辺りの雪も解ける。３月３日、桃の節句頃、また農作業が始まる。

3.6 ① スローライフのスローな終活

著者（里山ジイジ）の御年は70歳、花の前期高齢者などと見栄を張っても、腰が痛い肩が痛い目がかすむ。今はまだ体も利くがあと5年もすれば後期高齢者。そうなると健康寿命ともおさらばで、ヘタすると寝たきりなんてことにも。あまり考えたくないが、そろそろ人生の終末の準備をしなければならない。とは言いながら何、今までと同じに暮らせばいいのだ。何となれば、良く生きる者は、良く死ぬ者だから。

今一番の気がかりは息子と娘のこと。親が年取ってから生まれた子供なので、子育ても大変だったが、やはり子供の方にも何やら負担があるらしい。とは言え、どちらも一応自分の意思で大学に行ってくれたので安心。と思ったが、とんでもない、まだまだ安心などさせてくれない。昔は大学生になれば大人だったが、今はまだ子供なのだ。

とにかく無事卒業して、とりあえず経済的にだけでも自立してくれ。そして、ワシ等がまだ元気なうちに結婚してくれたら猶イイ。孫が生まれたらこの家・土地はそのままにして、君達のどちらかの近くに小さなアパートを借りよう。それこそスープの冷めない距離がイイ。近頃は子供の面倒は福祉と地域がしっかり見てくれるから安心。しかし、現実は少し違う。保育園に預けても子供が熱を出せば、勤務中の親が飛んで行って子供を引き取らなくてはならない。そこでジジ・ババが近くに居れば、多少の役には立つと言う訳だ。

これは夢の話のようだが、年老いた親の希望なのだ。終活とは身辺整理と財産分与だけではない。終活でもう一つ大切なことは、年寄りが希望を以て残り少ない時間を生きることだ。時間のタップリある若者にとって現実は愉快で楽しい場所だ。しかし残り時間のない年金暮らしの年寄りにとって、現実の世界は厳しい世界だ。それゆえ年寄りにこそ、夢も希望も必要なのだ。

我々もいずれお世話になる筈の、特別養護老人ホームに入居する老人達のアンケートで、「これだけあれば安楽に暮らせる、という条件は何ですか」といった質問に対して、どこの老人施設でも必ず帰って来る返答が、「自分で歩けるだけの健康」と「最低限のお金」と「人並みの家族愛」だそうだ。人生の黄昏にさしかかって人は多くのものを必要としない。大富豪でも、権力者でも、貧乏人でも、人は皆同じ。人生の最後になって必要なものは決して多くはない。それゆえ人生の終末において人はみな謙虚になれる。

西欧人は二千年の歴史の中で、そのことを良く知っている。だから、ドイツ人でもフランス人でもイタリア人でも、酒の席で乾杯の前に必ずつぶやく御まじないがある。「サルーテ（健康）・ディネーロ（お金）・アモール（愛）！」日本人の私たちに彼らは言う。「お前たち何の為に乾杯するんだい？」聞かれた日本人は「……？　しばし、沈黙……」すると、彼らはしたり顔で言う。「決まってるだろ、それは健康とお金と愛の為さ」「ア・ラ・サルーテ・ディネーロ・アモール！」

ここは素直に認める方がよろしい。ヨーロッパ人は自分だけが大金持ちになろうなどとは考えない。大金持ちになるよりも、皆が少しずつ幸せを分かち合うほうが良いと考える。少し褒め過ぎかも知れないが、それより他に方法が無いことを彼らは知っているのだ。

3.6 ② 老年の小さな希望と大きな希望

老年の小さな希望とは、最低限のお金と歩けるだけの健康と身近な家族。それだけ有ればいい。それだけで充分に幸せだ。しかし、私ジイジ一身上のことではなくて、日本とか世界とかに目を向けると、老年にも大きな希望が必要だということが分かる。つまり、日本の行く末が良くなり、世界の未来が明るくなること、それが老年の大きな希望なのだ。

ヨーロッパは2000年の歴史のある十分に年取った大人の国々だ。資本主義も社会主義もそれぞれ良い点もあれば悪い点もあることを知っている。資本主義は原理的に貧富の差を拡大する。社会主義は苛烈な国家統制を行う。どちらにも欠点はあるものの、どちらか一方では立ち行かないことも知っている。そこで現実的なヨーロッパ人は資本主義と社会主義の中間、「社会民主主義」の道を歩もうとしている。それがEU（ヨーロッパ共同体）の姿だ。まだ道半ばではあるが、やはりこの道しかないのだ。

ところがアメリカは建国240年ほどの若い国なのだ。今、現在2016年アメリカ大統領選挙の最中に、反エリート・反インテリ・反セレブ主義がはびこって、共和党では上院議員が全く信用されていない。だから、国民に不人気なトランプ氏と、民主党でも同様の事情のクリントン女史の両大統領候補が争うという珍現象が起きている。行き過ぎたキャピタリズムが1％のエスタブリッシュメントに莫大な金と権力を集中させている現実は、また99％の人々が中間所得層から低所得層へと追いやられる現実でもある。

ところで東洋では60年を以て一つの時代の区切りとする考え方がある。還暦とは、赤いチャンチャンコを着ることではなく、60年経つと歴史がまた新たな段階に至ることを意味する。ピッタリではないが60年プラス・マイナス10年と考えれば、第二次大戦が終結してから70年経過したのだから、我々は間違いなく新しい時代に突入したのだ。70年も生きてきた我々老人は、60年をサイクルとする歴史を現実に見てきた。それが、我々老人の持っている老齢的歴史観の強みであり、歴史を長いスパンで見ることの強みだ。

日本では、60年経って古い「戦後民主主義」という枠組みは終わり、新しく21世紀型民主主義の時代に入った。それは、新たに「平成デモクラシー」と呼ばれるべきもので、日本における政界・官界・財界だけでなく、文化やスポーツにまで及ぶ大きな民主化のうねりのことだ。それは、日本で700年も続いた封建制度の残滓を捨てて、本当の民主主義を確立すべき時に来たことを意味する。

世界を見れば、日米関係においては60年経って和解のプロセスが終結し、新しい高次元の日米関係が始まる。日露関係においては、60年経ってやっと和解のプロセスが始まったばかりで、あと60年程の長い領土交渉が続くだろう。ロシアに対しては経済支援ではなく、対等な相互の経済活動を活発化させることで、ヨーロッパの国々と同様のお互いにウィンウィンの関係を築くことが大切だ。それが領土交渉の基礎となるのだ。

　日本の行く末も、世界の未来も良い方向に向かうだろう。そうした大きな希望が無ければ、老い先短い老人とて生きてゆくことは出来ない。老年には、小さな希望と大きな希望の両方が必要なのだ。

第4章　世界が動く、日本も変わる

4.1 ① 新時代の到来、2016伊勢志摩サミット

２０１６年は実に多彩な年で、新時代の到来を予感させる事柄が沢山あった。中でも我らの安倍ちゃんがサミットのホストとして堂々と、G7各国の首脳を伊勢神宮に招待したことが、まず以てエポックメーキングな出来事であった。

仏教が今から１５００年ほど前に大陸から伝来した新しい宗教であるのに比べて、神道は1万年も前からこの日本列島にある縄文文化の中で生まれた日本独自の宗教だ。まだ神道という言葉も無く、原始的なアニミズム（精霊信仰）の段階であった。山にも川にも海にも岩にも草木にも動物にも、すべてに精霊が宿り、すべてに神々が居る。この素朴な信仰こそ日本人の原風景であり、心のふる里なのだ。この段階の信仰を、里山ジイジは勝手に「縄文神道」と名付けることにする。

シャーマニズム（巫女信仰）はもっとずっと後、数千年後の恐らく弥生時代になってから北東アジア方面から伝来したものと思われる。そして恐らく古墳時代頃になって、天孫降臨なるイデオロギーを伴った体系的な宗教が、天からではなく大陸から日本列島に入ってきたものと思われる。すべて推測で申し訳ないが、日本人なら誰でもそのような思いを抱いているものと、ジイジは勝手に推測する。

伊勢神宮には三種の神器の一つ「鏡」が祭ってある。鏡とは原初的国家における権威を意味する。それは国家の正当性と言っても良い。「剣」は武力の象徴であり、「勾玉」は富の象徴であった。強い軍事力と豊かな経済力があれば戦争に勝ち、建国の大業が成せる。しかしその国に「権威」ないしは「正当性」が無ければ、その国は長続きしない。神道も、素朴な宗教として人々の心の中にあるうちは良いのだが、国家神道となって国民を支配するようになると碌なことはない。大切な国民を一銭五厘のハガキ一枚で戦場に送り込むようなことになる。だから政教分離の出来ない国は、とても先進国とは呼べない。

実は、ゲルマン神話の中にも三種の神器の話がある。剣の代わりに魔法の「斧」が不敗の武力を表し、勾玉の代わりに魔法の「鉄鍋」があった。この鉄鍋の食物は何百何千の兵に食べさせても尽きることがない。そして権威の象徴は魔法の「指輪」であった。これは何を意味するか。ユーラシアは広大ではあるが一つの大陸だ。太古の時代、あちこちで戦争と国作りが行われた頃、建国には「三種の神器」、つまり三種類の力が必要だということが、大陸の西と東で語り伝えられたとしても何の不思議もない。

ところで、西欧人はかつてダーウィン進化論を悪用して、白人が黄色人種や黒色人種を支配するのは当たり前（或いは神の意志）だと言い張った。そして西欧列強の植民地支配を正当化し帝国主義政策を世界中に蔓延させた。ちなみにダーウィン進化論「種の起源」が発表されたのは１８５９年で、明治維新の僅か9年前のことであった。当時でもダーウィン自身は、教会によって火あぶりの刑にされないかと戦々恐々であった。

実は生物進化論に先行すること１００年以上も前から西欧では、社会進化論や宗教進化論が唱えられていた。話を単純化するとこうなる。つまり最も進化した社会であるところの西欧が、遅れたアジアやアフリカを支配するのは当たり前だとする社会進化論。アフリカの未開で原始的な宗教よりも、遅れたアジアの専制君主国の宗教よりも、最も進んだキリスト教の国こそ世界を支配するにふさわしい、とする宗教進化論。（注・現代のキリスト教ではそんなことは言いません！）

当時の西欧人の頭の中では、原始的なアフリカのアニミズムなど信仰とは呼べぬ迷信であり、アジアの専制君主国の宗教など単なる偶像崇拝に過ぎない。西欧人は仏像を見て、偶像崇拝と勘違いしてしまった。ちなみに仏像は神ではなく悟りを得た人の像なのだが。一神教を信ずる西欧人はアニミズムを迷信と呼び、仏教を偶像崇拝と蔑み、多神教を愚劣な宗教と決めつけた。神道においては唯一どころか八百万もの神々が居るし、祝詞は聖書（ドグマ）ではないし、神社は聖職者が説教垂れる教会ではない。ところが西欧人は、「唯一の神・聖なる書物・教会」の三点セットが無ければ正しい宗教とは認められないと言い張った。だがしかし、それこそが、当時のグローバリズムそのものではないのか！

我らの安倍ちゃんは、八百万の神々の総本山たる伊勢神宮に、キリスト教国の首相や大統領を堂々と招き入れた。これこそ新時代の到来を世界に示すシンボリックな出来事なのだ。我が国の宰相はこの度、日本国が経済的にも科学技術的にも、そして宗教的にも、欧米と対等で平等な国であることを、シンボリックに説明して見せたのだ。そもそも宗教とは、どんな宗教でも非科学的であり迷信なのだ。天の日鉾の雫から日本列島が生まれたのと、神が7日で世界を作ったのと、どこがどう違うというのだ。どこも違わない、全く同じ。どちらも非科学、迷信、それゆえ宗教なのだ。

つまり、一神教の国と多神教の国の間に優劣の差などない。あるのは質的な差だけであり、それは高度なカルチャー対話の領域だということになる。ところが日本人のジャーナリストの中に「キリスト教徒を神社に招待するのは失礼だ」などと、寝ぼけたことを言う者が、まだ生存していたのが唯一残念。一神教と多神教がそれぞれ優劣を競って論争するなどということは愚の骨頂。それこそ果てしなき神学論争になってしまう。

そうではないのだ、この地球は生物多様性によって豊かな環境が保たれている。それと同様に、この世界は宗教や文化の多様性によってその豊かさが保たれているのだ。第二次大戦後の約70年間世界は、資本主義国と社会主義国、先進国と発展途上国、冷戦構造、パクスアメリカーナなど対立と覇権争いに明け暮れてきた。そういう時代はもう終わったのだ。これからの時代は対立と覇権争いの無い、つまり多文化共生・他民族共生・他宗教共生の時代へと進むことになる、筈だ。

4．1 ②　新時代への区切り、2016オバマさん広島訪問

次にエポックメーキングな出来事は、現職のアメリカ大統領が初めて被爆地広島を訪問したことだ。恩讐を超えて、などとセンチメンタルにならなくても良い。新時代が来たのだ。東洋の思想では60年経つと一つの時代のサイクルが終わり、次の時代に入ると考えられている。だからオバマさんは来たるべくして来た。これは歴史の偶然ではなく、歴史の必然なのだ。とは言え、これはオバマさんだから出来たこと。彼自身がアフリカ系アメリカ人であり、マイノリティーの苦しみや差別の不当性などを熟知している。そして何よりも彼は慈悲深い

上に、核のない世界を希求する理想主義者でもある。

アメリカ大統領オバマ氏は、旧敵国の亡くなった市民の為に祈りを捧げてくれた。新聞紙面では、その際、謝罪がなかったと報じた。謝罪など必要ない、訪問してくれただけで十分だ。その第一の理由は、当時の日本人は不当な戦争を仕掛けたのではない。対等な立場の独立国として堂々と戦争したのだ。結果として日本側で多大なる市民の犠牲者が出た。第二の理由は、当時の日本は政教分離も出来ず、シビリアンコントロールも利かない後進国であった。その為、内閣に軍人が大臣として居座り、軍部が天皇の名をかたり勝手に暴走し、開戦のみで終戦の目途の無い不幸な戦争を延々と続けた。

終戦の為の最初の機会はミッドウェィ海戦の惨敗だった。真珠湾で自らその有効性を証明した空母と戦闘機による機動部隊、それを4セットも失い、日本帝国海軍はこの時点で壊滅していた。制空権を失い制海権を失い、つまり戦争遂行能力を失っていたのだ。このとき潔く白旗を掲げ敗戦処理をして居れば、そののちに罪なき市民があれほど大量に殺されることは無かった筈だ。それも、大編隊B29による日本中の都市への焼夷弾空襲と二つの原爆で百万人以上の市民が殺された。その責任は、シビリアンコントロールの出来なかった当時の政府と、天皇を現人神とする迷信という後進性、つまり、あまりにも時代が悪かったのだ。

しかし皮肉なことに、全く残念なことに、百万人以上の無辜の市民が犠牲になったという歴史的事実を経験して、日本国はやっと軍人・役人・警察が威張り散らす封建的で、迷信的な後進国から、科学と理性を重んずる自由で民主的な国に生まれ変わることが出来たのだ。

だがしかし、まだまだ日本の民主主義は未熟のままだ。第二次大戦後わずか70年間の民主主義体験は、それ以前に700年も続いた封建制度の残滓を除去することが出来ていない。封建制度の下では1％の上級武士だけがすべての政治的権力とそれに付随する利権を独占し、彼らが残りの数％の下級武士と90％以上の農工商民を支配していたのだ。

本当の民主主義を実現するために、世界でやるべきことはまず、格差の是正と格差を生み出さない政治経済システムを創造すること。そして世界中で人種差別と宗教差別をなくすこと。法律ではとっくに差別撤廃したことになっているが、人々の心の中の差別意識や差別感情というものはなかなか払拭できないものなのだ。第二次大戦後の70年間では達成できなかったが、我々は新時代60年間でそれを達成しなければならない。

本当の民主主義を実現するために、日本では特に、封建的な身分差別の意識と感情を克服することが大切。封建的な身分差別の意識と感情とは、政界・官界・財界を始め日本の文化・スポーツに至るまで、あらゆる分野に根深く残る「親分子分」「序列に分際」「官尊民卑」「男尊女卑」「先輩後輩」「新参者イジメ」などだ。そして、この封建的意識からすべてのパワハラ・セクハラ・モラハラが発生する。これが日本文化の負の遺産であり、日本文化の美点を帳消しにする怪物なのだ。

4.2 ① 老年の最後の希望、社会正義の実現

余命も長くないワシら年金世代は多く望まないが、小さな希望として、せめて自分の足で歩けるだけの健康と、最低限の暮らしが出来る年金と、近くに家族が居ればもうそれで幸せなのだ。残すものなど無い我等庶民の子供は幸せだ。反対に莫大な財産のある家庭は大変だ。残された遺産を巡って兄弟姉妹親戚が相争わなければならない。山上の垂訓風に言えば、「庶民の子供よ、汝は幸せである。何故ならば、汝は親の死に際して、兄弟姉妹と醜い争いをしなくて済むからである」と。

我等庶民は気楽で幸せだ。それに比べたら、社会のリーダーとか時の権力者とか大変だと思う。その人たちは皆、ノーブレスオブリージュ（高貴であるが故の義務）というものを果たさねばならないからだ。ところが今現在（2016年10月）アメリカ大統領選を見ても、とてもこの候補者たちには高貴な義務なんぞ果たせそうもない気がする。日本でも豊洲移転問題やオリンピック会場問題を見れば、我が国の権力者たちも同様でノーブレスオブリージュが有るのか無いのか、甚だ心許ない。

そこに突如として平成の小池東京都知事が誕生した。ここにやっと本当の正義が実現されるかも知れないという「希望」が湧いてきた。そうなのだ、名もなく貧しくうとましく生きてきた、ワシら年金暮らしのジイジとバアバ達の、最後のもう一つの大きな希望が、この美しき瑞穂の国に「社会正義」が実現されることなのだ。「社会正義」とは本当の「民主主義」のことだ。封建的な私的忠義なんぞもうウンザリだ。親分子分で利権を分け合うなど、今や時代遅れなのだ。もしかしたら、ひょっとしたら、今度こそ、長生きして良かったと思えるかも知れない。そんな２０１６年の特筆すべき出来事だ。

小池東京都知事は、パンドラの箱のふたを開けて、嘘・詐欺・談合・賄賂・献金・天下り・傲慢・欺瞞・尊大など、ありとあらゆる悪と邪悪なるものを明るみに引きずり出した。そして、それと同時に、我ら庶民に「希望」が残っていることを見せてくれた。この「社会正義」の実現という「希望」こそ、我ら庶民の、そして余命長くもないワシら年金族の、最後の大きな希望なのだ。余命の長い若者よりも、余命の短い年寄りにこそ生きる希望が必要だ。

里山ジイジは、時代のワンサイクル、即ち60年の暦を生き抜いてきた。世の中のことは世界も日本も随分と見てきた。世の中のカラクリも飽きるほど見てきた。大抵の嘘・欺瞞は見抜くことが出来る。このような常識的な年金老人は日本中に居て、利権ジジイ共のやり口をシッカリ見て、そして小池東京都知事に拍手喝采しているのだ。里山ジイジも海辺ジイジも田舎ジイジも都会ジイジも、日本中のジイジとバアバ達が皆こぞって、「今度こそ東京都から日本中の改革が始まるかも知れない」との希望を持った。

嘘・欺瞞・談合・賄賂・献金・天下り・傲慢など、これらすべてが日本の封建的体質つまり親分子分・序列に分際・官尊民卑・男尊女卑などの後進的意識から生まれたものだった。

つまり、戦後70年程度の民主主義よりも700年も続いた封建制度の方が、よほど日本人の体質にしみ込んでいるからなのだ。そして、情けないことに政界・官界・財界すべてが昔と変わらぬ封建的精神構造の下にある。

4.2 ② 豊洲問題とオリンピック会場問題

豊洲問題に関して言えば、移転を決定した当時の都知事と市場長にまず、第一義的に責任がある。次に手抜き工事で莫大儲けた連中に責任が及ぶ。図式的に描写するとこうなる。バカ殿は威を張ることが商売だ。威張るだけで、「あとは、良きにはからえ」となる。するとズル役人どもが、強欲商人と図って、「敷地全面に盛り土しました」とウソをつき、あとは「知らぬ存ぜぬ」とシラを切る。ワル代官は子分の都議と結託して都議会を通してしまう。

結果として彼らには美味しい利権が転がり込む。昔から、「役人は　左様しからば御もっとも　そうで御座るか　しかとは存ぜぬ」というではないか。現代とどこか違いますか？

どのような利益があるかというと、バカ殿には、代官・役人・商人から名君とおだてられて、その後の仕事はフリーハンドという利益がある。ワル代官にはもちろん大判小判（政治献金）が懐に入り、子分共にも分け前がくる。ズル役人には天下りという美味しい未来が待っている。そして強欲商人には莫大な金銭が転がり込むという寸法だ。封建の３００年前と全く同じ！　こんな馬鹿馬鹿しいことは民主主義の敵だ、茶番だ、冒涜だ！　善良な庶民はいつもコケにされている。善良なる都民よ、ここは一番、怒りの声を上げる時だ。

バカ殿様の絶大な権力も元はと言えば、都民一人一人からお借りしていただけだ。ワル代官様も都議会議員の名を借りた利権オヤジになってはいけない。君たち地方議員は権力者などではない。本来は市民ボランティアで十分なのだ。ズル役人も相変わらずサモシイものだ。天下りポストがそんなに美味しいか。君たちも権力者などではなく、ただの公僕であることを忘れてはいけない。定年後は我ら里山ジイジと同じように、年金だけで悠々自適の生き方をすべきだ。国民は皆、誰でも年金だけでつましく暮らして居るのだから。

オリンピック会場問題に関しては、これに登場するバカ殿はもっと悪質だ。自ら進んで利権共同体のボスに納まった。その共同体にはお馴染みのメンバーが集う。まず、強欲商人が宴会屋敷に招き、殿！ 殿！ とおだてて利権オヤジ共のボスに祭り上げる。するとワル代官が子分とズル役人を使い強欲商人と結託して、もちろん宴会屋敷という密室で、見た目は派手だが自分達だけが儲かる「会場建設プラン」を立てる。

お手盛りだから金額がデタラメ、300億が、すぐ500億になり1000億になったりする。チョット批判を浴びると600億に下がったりする。これら利権オヤジ共とゼネコンの密室談合は、我が国の独占禁止法にも違反し、公正なる国際競争入札を保障すべき国際法違反でもある。バカ殿さんよ、キミは祭り上げられて利用されているだけなのだ。強欲商人は莫大な金銭の為に、ワル代官は自分の権力拡大の為に、ズル役人は美味しい天下り先の為に。

庶民にはさほどの欲がある訳ではない。貧しくとも健康に暮らせるだけのものがあれば十分だ。さらにその上、社会正義が実現してくれれば猶さら良い、その程度だ。しかし、権力者は強欲だ。最初は小さな権力だが、権力というものは行使すればする程大きくなる。そして巨大化した権力は、やがて何の為の権力なのか目的を見失う。権力は、ついには権力の為の権力を追求することとなる。これを権力への意志という。

そして権力への意志は、老化と共に大きくなる。これを老害という。特に男は年を取ると限りなく強欲になる。金も女も地位も名誉も権力も、何もかも限りなく欲しくなる。そして限りなく醜くなるのだ。それに反して、あの世界一貧しいと言われたムヒカ大統領は美しい。彼は世界の人々の誇りだ。日本の封建的道徳では、年寄りを尊敬すべきものとする誤解がある。尊敬すべき老人も居るには居るが、大多数はただ馬齢を重ねただけの我儘な老人なのだ。年金を貰う年齢に達したならば、サッサと引退して後進に道を譲るべきだ。「功成り名遂げて身退くは天の道なり（伊能忠敬）」

小池東京都知事は何も特別なことをしようと言うのではない、ごく常識的なことをしようとしているだけだ。ところが利権オヤジ共には、この常識が全く通用しない。彼らの頭の中は封建制度のままで、自分達は特権階級だと思い込んでいる。政界にはこんな言葉がある。「40、50は鼻たれ小僧」。とんでもない、働き盛りの若き有能な政治家に失礼だ！　平成の世でそんな寝ぼけた年寄り政治家は、サッサと引退しなさい。それが一番の社会貢献、最も日本国の役に立つ政策というものだ。

小池東京都知事は民主的かつ公正に、つまり常識的に物事を行おうとしている。日本国に長く続いた悪しき慣習を改める為には情報公開が欠かせない。グラスノスチ（情報公開）とは、もう30年も前にかのゴルバチョフ氏が改革（ペレストロイカ）の為に必要不可欠だと提唱し、ソヴィエト連邦という帝国主義の枠組みを崩壊させた、あの手法だ。彼女は、自民党の中にある封建的保守を改め、民主的保守を創造するつもりだ。

政治家・小池氏は政界の渡り鳥などと言われるが、それは誉め言葉。一般的に、一つの政党だけに居る人は視野が狭く世界観が小さい。しかし彼女は日本人には珍しく世界の常識でモノが考えられる。保守系の色々な政党を渡り歩いてみて彼女が感じたのは「みんな同じ金太郎アメだ！」ということ。日本の政党の組織原理は右も左も皆同じ、「親分子分の封建体質」。それは只々、「御恩と奉公」「親分子分」に「先輩後輩」、「序列に分際」。小池さんは、極フツーの開かれた自由で民主的な保守政治を行おうとしているだけだ。

７００年続いた日本の封建制度には、良い点も悪い点も沢山ある。今まで問題にしてきた悪い点はすべて上層部の出来事で、それは全体の１％の話なのだ。幕末の頃の大雑把な統計で、日本の武士階級は当時の全人口の７％程度であったとされている。その７％のうちの90％は下級武士だったのだから、決定に参加できる上級武士はたったの１％だったということになる。問題は現代民主主義の世の中で、利権オヤジ共が自分たちは特権階級だと誤解していることなのだ。平成デモクラシーに特権階級など存在しない。

かつては士農工商の４階級と言われてきたが、本当は武士など支配階級が10％以内、農工商など被支配階級が90％以上の２階級しか無かったのだ。それでも封建日本では現場で働く人々が、現代資本主義よりも大切にされてきた。それを雄弁に物語るのが、元禄の上方文化や文化文政の江戸町民文化の隆盛だ。それは世界史に燦然と輝く偉業なのだ。それはまたジヤポニズムとしてヨーロッパに多大なる影響を与えた。

4.3　スローライフはけっこう忙しい

この夏は野菜が豊作でけっこう忙しかった。親の意見とナスビの花は千に一つの無駄がない、と昔から言うように、今年のナスは実に良く実った。収穫籠が毎日いっぱいだ。キューリも良く実った。キューリはうっかりするとすぐにヘチマのように巨大化する。ミニトマトも豊作だった。毎日収穫しても次の日にはもう赤く熟して、取るのに汗だく。

良いことばかりではない。広い畑のあちこちに雑草が伸び放題。三角ホーという農具を使って雑草を根こそぎに取る。この作業をムキになって毎日やっているうちに、肩の炎症という厄介なことになってきた。最初に右肩が痛くて右腕が挙がらなくなった。そこで利き手を左に変えて、構わず作業を続けた。すると今度は左肩も痛くなり左腕が挙がらなくなってきた。夏野菜の収穫は、お盆の前後４週間が最盛期。大汗を掻きながら夢中で働いた。作業中に１リットルの自家製ドリンク塩砂糖入りを飲み干す。それでも頭がくらくらする。何度も熱中症になりかけて危なかった。

９月下旬、夏野菜もソロソロ終わり、ようやく涼しくなってきた。と思ったら何やら体に異変が起きた。肩の痛みがどうしても取れない。それどころか左の肩から腕にかけて耐えがたい痛みが続くのだ。これは一体どうしたことだ。日中や作業中は痛くないのだが、明け方に目の覚める頃がモーレツに痛い。「そうかこれが神経痛の痛みなのか」と妙に納得。年を取るとこういう新発見もあるのかと感心する。この時期テレビでも「神経過敏性疼痛の薬」とか何とか宣伝していた。年寄りは夏に無理すると、秋にガタが来るようだ。

体の痛みは困るけれど、スローライフというものは、貧乏暇なし位が丁度良いのだ。何しろ何から何まで自分でやるから、これで結構忙しいし、それが楽しくもある。よけいなネガティブなことを考える暇もない。だから貧乏暇なしの状態が、案外幸せなのかも知れない。しかし、11月頃になっても肩の痛みと腕の痛みが全く取れない。２０１６年の秋から冬にかけては肩と腕という上半身の痛みにずっと苦しめられた。

それでもこうして何やかやと動けるのが幸せだ。今頃は健康寿命というものが長くなってきた。何しろ寝たきりになってから長生きするのは御免だ。人生の最後の最後までピンピンと動き回って、行くときはコロリと行きたいものだ。禅仏教で最高の死に方というものを教えてくれる。それは、「立往生」というものらしい。例えば、畑仕事で畝づくりの仕事をしながら鍬を握って、立ったまま死ぬのだ。これが最高の死に方だという。しかし、死ぬまでには、まだ時間がありそうだ。

里山ジイジは当年70歳で前期高齢者に該当すると思っていたら近頃、前期高齢者ではなく準高齢者だなんて言われるようになってきた。高齢者に準ずるものの、まだ高齢者ではないらしい。何やら政府の陰謀めいたものを感じる。年金の受給年齢を引き上げる陰謀か、はたまた高齢者（75歳以上）になるまで働かされる陰謀か。ま、とにかく、政府が「まだ、高齢者じゃないよ」と言うのだから、そういうことにしよう。里山ジイジはまだ高齢者じゃありません。青春後期ということにしておきます。

体はだいぶガタついているが、気持ちはまだ青春。気分も気持ちも青春だあ！　モノの考え方や感じ方は学生時代と全く変わってないのに、体の方はいけません。肩が痛い、腰が痛い、膝が痛い、目がかすむ。腕は神経痛でジンジン、ビリビリ痛むのだ。だけど準高齢者はまだ高齢者じゃなく青春後期だと、まだ見栄を張る。

２０１６年の冬から２０１７年の春にかけて、ようやく肩や腕の痛みが治まったと思いきや、今度は下半身に不調が現れた。朝起きた時に下半身に力が入らない。腰から下の臀部から太腿の裏あたりが痺れるような、痛みのような何とも妙な感覚に襲われた。腰をゆっくり回してみると、無感覚のところ急に臀部から大腿にかけて温かみが走る。まるで電源コードが急につながって電流が流れたような感覚。「そうか、これが座骨神経痛なのか？」と勝手に素人判断する。

それだけではない。さらには膝の痛みが襲ってきた。歩くだけで膝が痛いのだ。もういけません。青春後期だなどとミエを張っても歩けなくなってはお仕舞いだ。「俺も老人特有のヨチヨチ歩きになってしまうのか?」と、お先真っ暗な気分、どうすりゃいいのだ。

里山で素人農業を始めて丁度10年になる。年も70歳になった。もう農作業という過酷な労働は無理なのだ。そろそろ農作業は卒業しよう。考えてみると農作業は大変な割には、上半身の作業が多くて、歩くという動作は少ない。車で移動するのも原因の一つだ。ましてや走るという動作は皆無なのだ。60歳まではテニスやスキーを盛んにやっていた。ところがこの10年間テニスは全くやってない。ジョギングもランニングも全くやってこなかった。歩く、走るという最も基本的な運動を怠っていたのだ。

「それだ、原因は!」との素人判断で、やむなく農作業は中止することにした。これからは毎日散歩することにしよう。目標は一日一万歩。しかし、そうたやすく歩けるものではない。一度に歩けるのは30分ぐらい。30分歩いても2㎞の3000歩ぐらいのものだ。これを朝と昼前と夕方の1日3回に分けてやる。最初はとにかく膝が痛い。歩き始めから、歩いている最中も、歩き終わる最後まで痛いのだ。膝を動かす筋肉の付け根あたりが痛いのだ。歩いていても痛いだけで散歩の楽しさが無い。まるで苦行のようだ。

それを一か月続けていたら体も少し軽くなり、痛みも和らいできた。2か月目からは体も慣れてきたので、5000歩で約50分、朝だけの散歩にした。こうして3か月目になると、やっと膝の痛みも感じなくなり、普通に歩けるようになった。とにかく最初の頃は歩くのもぎこちなかったのが、3か月目にはようやくリズミカルに歩けるようになってきた。そしてこの朝の散歩を今も日課として続けている。

齢70歳にして里山ジイジは遊行期に差し掛かる。遊行期の旅は死出の旅でもある。古代インドなら口減らしの為、家族に迷惑をかけない為に死出の旅に出たのだが、現代日本では家族に迷惑をかけないために、物見遊山の旅に出る。

4.4 ① 2017年、トランプ大統領登場

里山ジイジの様な70歳前後の老人には、一つの時代のワンサイクルを生き抜いたという自負と、大きな時代の転換点を確かに見たという実感がある。東洋人として60年革命説を信じてもいる。革命と言っても共産革命ではない。60年に一度「天命が革まる」即ち「世の中が変わる」、つまり「一つの時代が終わり、次の時代が始まる」ということだ。

その意味で2016年から2017年にかけて世界は大きく動いた。パナマ文書が公表され、超富裕層・権力者・多国籍企業などのやり口が明らかになった。そして、イギリスがE

Uから離脱したのは、反グローバル化という国民感情がEUの高邁な理想を拒否したのだ。さらに、オバマ大統領がキューバを訪問し、半世紀にわたる資本主義国アメリカと社会主義国キューバの和解が成立した。フィリピンではドゥテルテ大統領が選ばれて、歴代の貴族化した大地主の大富豪という大統領ではなく、チョット下品ではあるが庶民目線の民主的な、そして麻薬に対しては剛腕ぶりの大統領が誕生した。

台湾でも蔡英文総統が誕生して、民主主義と矛盾する「一つの中国」への疑問を投げかけた。日本でも安倍首相がオバマ大統領との間で、広島とハワイを相互に訪問して歴史的な日米和解の終結を見た。そして安倍首相はプーチン大統領との間でも、平和条約締結に向け日露和解の交渉を開始した。第二次大戦後の一時代（約60年）掛けて日米和解は終結し、同じく一時代掛けてようやく日露和解がスタートした。

中でも特筆すべきはアメリカでトランプ大統領候補が勝利したことだ。テレビでは連日メディアもマスコミもクリントン女史が有利だと報道した。しかし、何とその予想を裏切ってトランプ氏が当選した。するとジャーナリストもコメンテーターも、「これはアメリカのポピュリズム（大衆迎合主義）のなせる業だ」と、こき下ろした。

しかし、アメリカの大衆から見ればメディアもエリートの一種だ。格差の原因は経済エリート、つまり大富豪とウォール街の金融資本家にある。それは間違いない。しかし他のエリートも格差の拡大に加担している。上院議員を始めとする政治エリートも、インテリ・学者・ジャーナリストなど知的エリートも格差に加担している。それがアメリカ大衆の偽らざる感情なのだ。彼らの主張は「真面目に働いているのに、何で俺たちは貧乏なんだ？」ということにある。だから現代のポピュリズムは大衆迎合主義ではなく、ポプルス（民衆）の文字通り、「民衆主義」または「民意」と理解しなければならない。

ただし、アメリカ白人の多くはいまだに人種差別感情と宗教差別感情を捨てることが出来ない。理性ではいけないことだと理解しても、彼らの感情は納得できないのだ。アメリカ建国以来２４０年、１８６３年に奴隷解放宣言が成され、１９６０年代公民権運動が行われ、今日21世紀に至るもまだ差別感情は払拭できない。それがアメリカの現状だ。

アメリカは昔から「力の民主主義」を実践している国だ。そこから「力の貿易」「力の外交」「力による平和」が派生する。それを理解すればトランプ大統領の言動は旋風でも何でもない。白人が数千年来やってきたことであり、そして、アメリカ人が数百年来やってきたやり方と全く同じだから、驚くほどのことはない。

4.4 ② 力の資本主義、トランプさんの本質

2017年7月、大統領に就任して半年経ったトランプ政権の支持率はやっと40%。これは歴代アメリカ大統領の中で最低の数字だと言われている。しかし、就任当初が44%だったのだから微減に過ぎず、むしろ良く健闘しているというべきだ。何故か、それはアメリカにはトランプさんと同じ意識構造の人達が40%も存在するということなのだ。

トランプ大統領が就任した勢いで大見栄切った数々の公約の中でも、実現したのはたったの二つに過ぎない。「TPPからの離脱」と「パリ協定からの脱退」。自由貿易の理念にも環境保護の理念にも反して、我儘なアメリカという正体が現れた。

情け深いオバマさんが、それまで見捨てられていた低所得者層の健康を守ろうと、日本の国民健康保険をモデルにして作り上げた折角の「オバマケア」だけは何とか残してもらいたい。ところがトランプさんは、同じ共和党からの反対者を押し切ってまで、何とかしてオバマケアを廃止しようと躍起になっている。

トランプさんは元々不動産屋さんだから、外交でも貿易でも何でもディール（取引）と考える。そして、それはアメリカ流資本主義を世界中に強要することになる。アメリカ流資本主義とは、力の民主主義と同様の「力の資本主義」のことだ。モノづくりの精神を忘れて、

実体経済よりも金融経済を重視する資本主義。さらには金融経済が実体経済を支配する資本主義のことだ。だから、日本にとってのグローバリズムとは、アメリカ流資本主義の押し付けなのだが、しかし、トランプさんはＷＴＯや自由貿易主義を逆にグローバリズムと決め付け、反グローバリズムを唱えている。

アメリカの自動車産業は長いあいだ技術革新と設備投資を怠って、会社の当期の純利益だけを追求してきた。労働者は週給3万円（３００ドル弱）なのにＣＥＯは年収（円換算で）30億円などという馬鹿げた収入格差を認めてきた。この間、ドイツも日本も技術革新と設備投資によって国際競争力を高めてきた。それを怠って、「デカくて燃費の悪いアメリカ車を買え」、というのがアメリカ流の商法であり、最高経営責任者の経営責任を問わないのがアメリカ流資本主義だ。

どうやらトランプさんには「格差の是正」に取り組む気は無いようだ。それどころか彼は「格差を広げる側」の人間なのだ。格差はアメリカ社会に深刻な分断を生み出している。アメリカ社会は色々な意味で分断されている。例えば、人道主義者と差別主義者の分断。例えば、福祉推進主義者と福祉撤廃主義者の分断。例えば、超富裕層と低所得層の分断。例えば、環境保護主義者と環境保護反対者の分断。

アメリカにはもともと宗教差別と人種差別があり、その差別を無くそうとする人々の長い戦いがあった。それは今も続いているのだが、現在はそれらに加えて巨大な経済格差が加わって事態を複雑なものにしている。格差はますます広がり、巨大化し、固定化しようとしている。巨大な格差が固定化すれば、新たに貴族階級が生まれ、社会はますます分断されるだろう。

4.5 ① 2017年、英仏共に既成政党が弱体化

イギリスで2016年6月に行われた国民投票ではEU離脱派が勝利した。その勢いを駆って、メイ首相は「労働党の支持率が下がっている今、総選挙を行えば保守党の勝利は間違いない」と予想した。そして、1年後の2017年6月、イギリス下院議院総選挙が行われた。ところが、「保守党」は大敗し議会での過半数を失い、メイ首相の指導力は地に落ちた。これによってイギリスのEU離脱交渉は前途多難が見込まれる。

アメリカ同様に、イギリスでも既成政党であるところの「保守党」も「労働党」も国民の支持を得られなくなったのだ。ヨーロッパの状況を見ると、政治はますます権威主義的になり、経済はグローバル主義がまかり通り、イデオロギーは民族主義が先鋭化されている。つまり一国においても、EU全体を見ても、もはや一つの経済政策や一つのイデオロギーで全

体をまとめることが困難な時代になっているのだ。

フランスでも２０１７年６月に総選挙が行われ、やはり既成政党の「共和党」も「社会党」も大きく議席を失い、マクロン大統領率いるところの「共和国前進」が過半数以上を獲得して世界を驚かせた。その「共和国前進」とは、民主的勢力ではあるが、既存の「共和党」にも「社会党」にも期待できない若年の無党派層が支持母体になっている。マクロン氏は「フランス第一主義」を掲げて、フランス人の民族主義を刺激したのだ。

マクロン氏自身は新自由主義的で金融経済を重視するガチガチの資本主義者なのだ。世界一強力なフランスの「労働組合」が黙って「労働市場の流動化」など見過ごしてくれるとは思えない。グローバルな視点で見れば、今や世界中で金融資本主義が猛威を振るっている。つまり、市場の自由はますます拡大するのに対して、それとは逆に市民の自由はますます狭められているということだ。

アメリカでは共和党の上院議員、それも大物上院議員と言われる人達に人気が無くて、結果的に政治の素人たるトランプ氏に大統領の座を奪われた。何故か、彼ら共和党上院議員は特定の利権と結びついた大富豪であり、彼らは自分の地位と利益を追求しているだけで、同じ共和党員の貧しい白人達のことなど何も考えていない。

イギリスでもフランスでもこれと同じ心理が作用した結果、既成政党離れという現象が起きてしまった。一般的に見て、保守系政党は既得権益の側の人々に支持され、革新系政党は福祉政策の恩恵を受ける人々に支持される。近年の先進国においては、そのどちらの恩恵も得られないと感じる人々が増えている。それらの人々がいわゆる無党派層となって、近ごろの選挙に重大な影響力を持つようになった。

このようにして、世界中の先進国で既成政党離れや既成政治家離れが起きている。それはポピュリズム（大衆迎合主義）ではなく、本質的には、ポプルス（民衆）の反乱と言うべきなのだ。物言わぬ大衆はバカでもなければ無知蒙昧でもない。本当のところ大衆は、実は賢いのだ。「民の声は天の声」と昔から言う通り、大衆には真実を知り真相を見抜く力がある。大衆は既に知っている、保守系政党は市場の利権と癒着し、革新系政党は福祉の利権と結びついていることを。

4.5 ② EUの理念を必要としない国イギリス

イギリスは上院議会と下院議会を有する二院制の国だということは誰でも知っているが、その役割については知らない人の方が多い。イギリスでは政治・経済・社会に関する国政のすべてを下院議会だけで決定する。上院議会は国政に関しては何もしない。それでは上院議会は一体何をするところなのか。上院議会とは、実はただの貴族のサロンなのだ。

上院議員の資格はイギリスにおける世襲貴族であることに尽きる。従って、上院を構成する約700名（約700家族）の世襲貴族がそのまま上院議会を構成し、任期もなければ任務もない。彼ら上院議員のすることは、自分たち世襲貴族の地位と領地と特権が奪われないように、ただただ見張ることが仕事なのだ。彼ら世襲貴族は広大な領地と莫大な資産を、目減りすることなく、代々受け継いでゆくことが出来る。婚姻も貴族の家どうしで行い、平民との交流は今でもほとんど無い。

そしてもう一つ特異なことは、彼ら世襲貴族は海外に莫大な資産を所有していることだ。例えば、オーストラリアの金鉱山とか、カナダの大森林とか、南アフリカのダイヤモンド鉱山とか。そして都合の良いことに、これらの国々には相続税というものが無い。従って、イギリスの上院議員すなわち世襲貴族は、先祖から子孫へと広大な領地と莫大な資産を、相続税無しで代々受け継いでゆくことが出来る。

EUの理念は、フランス革命の「自由・平等・博愛」の精神を母体として、現代の平和主義・人道主義・環境保護主義へと進化している。EU域内では国家同士でも、また個人同士でも自由で平等でなければならない。従ってEUに加盟する民主的国家に特権階級は存在しない筈なのだ。

ところがイギリスには世襲貴族という特権階級が存在する。それは民主的ではない。イギリスがEUから離脱した本当の理由がここにある。多数の移民や難民が流入するから、というのは屁理屈に過ぎない。イギリスが、ドイツやフランスやイタリアと全く同じ条件でEUに参加する為には、イギリスの国体そのものを変えなければならない。しかし、それは初めから出来ない相談なのだ。

ＥＵ域内では通貨統合も実施した。ドイツのマルクやフランスのフランやイタリアのリラは今ではもう使えない。ユーロという共通通貨があるからだ。イギリスは初めからユーロを拒否してポンドを使い続けた。何故か、イギリスは当初からEU経済圏を必要としなかったのだ。イギリスは大英連邦の国々と連携していれば、政治的にも経済的にも十分にやって行ける。何しろオーストラリアやカナダやニュージーランドなどの国家元首は今でもイギリス女王のままだ。その大英帝国のイギリスが、近頃は何と日本の主導するＴＰＰ（環太平洋経済協力機構）に加盟したいなどと言ってきている。

イギリスには世襲貴族というものが現在もなお存在している。彼らの広大な領地とか莫大な資産とか、そうした彼らの地位や特権は永続的でイギリス国民の皆さんとは別のところにある。ＥＵは平和主義・人道主義を掲げて格差の無い社会を作ろうとしている。しかるにイギリスは国内外に大きな格差を残したまま独自の道を歩もうとしている。そのようなイギリスの貴族は、バロン（男爵）とかカウント（伯爵）とかドューク（公爵）などと呼ばれている。

そして、一方アメリカ国内には巨大な経済格差がある。何しろたった1％の超富豪がアメリカの富の大半を握り、あまつさえその富は全世界の富の半分に匹敵するというのだ。アメリカも、イギリス同様に格差を認め、ますますその格差を広げ、かつ固定化しようとしている。巨大な格差の頂点に立つ者は、やはり特権階級と呼ばれ新興貴族となってゆく。そのような新興貴族は、ミリオネア（百万長者）とかビリオネア（億万長者）とかガジリオネア（兆万長者）と呼ばれている。

4.6 ① 2018年、日本は平成デモクラシーの時代

日本の社会の枠組みが変わる、というよりも進化する。日本人の意識が変わり、法令が整備され、あらゆる分野で社会のシステムが進化する。つまり、それまでの未熟な「戦後民主主義」という古い枠組みから、「21世紀型民主主義」という新しい枠組みに進化するということだ。里山ジイジは、そのような成熟した民主主義への、日本の皆さんすべての努力を「平成デモクラシー」と、勝手に名付けることにする。

具体的には、政治の世界では、右でも左でも民主的な勢力が台頭し、封建的な勢力は衰退する。つまり、自民党内においても封建的保守勢力は縮小し、民主的保守勢力が拡大するということ。そして、左翼は、左翼こそ古い封建的な体質を変えるべきだ。

官僚・公務員の世界では、無責任体制がもはや許されず、各部署の権限と責任が明確にされ、情報はすべて公開される。産業・経済の世界では、今まで利益優先の為に多くの人命と人権が犠牲にされてきた。これからは人命と人権を重視する、真に民主的な企業社会が求められる。そして、日本の文化・社会の世界では、日本文化の良い面を残しつつも、封建制度の負の遺産を払拭する努力が成されてきた。それが平成の時代、ここ十数年来、徐々に行われてきた平成デモクラシーの成果なのだ。

イ：政界の平成デモクラシー

既成の政党は何らかの利権と結びついている。まず、これを打破しなければならない。こんなこと、新時代の人々はもうウンザリなのだ。21世紀の政党人は利権代表ではなく、それぞれの立場の国民代表でなければならない。しかしながら現実を見ると、いまだに保守政党は市場の利権と、革新政党は福祉の利権とガッチリ結び付いている。

特に地方政治の場でこの傾向が強い。以前に大阪維新の会が出てきた時、大阪府市の自民党と共産党がガッチリ手を組んで、彼らの進出を徹底的に邪魔したことがあった。当時の大阪府市の自民党と共産党は、それぞれのイデオロギーは正反対であるにも拘わらず、自分達の既得権益を守るという共通の利益だけで野合したのだ。

そして、議員という立場は平成デモクラシーにおいてはもはや特権階級ではない。戦後民主主義の影響の残る田舎では、今でも市町村長と議員はムラ社会のお偉いさんであり、道府県知事はお殿さまで、議員は家来衆なのだ。だから先日の山梨市長のような公私混同の特権階級意識がまだ幅を利かせている。21世紀型民主主義においては、地方議員は単なる政治ボランティアであり、国会議員は国民のサーバントなのだというクールな意識が必要だ。

さらに、「武士道日本」の特殊事情として、既成政党には今でも封建的な組織と、封建的な価値観が残っており、それは右でも左でも同じなのだ。封建的な組織と価値観とは、「親分子分」「序列に分際」「身分差別」「男尊女卑」「官尊民卑」「先輩後輩」などなど。未熟な「戦後民主主義」70年間には確かにそのような古い価値観が残っていた。

しかし今や21世紀、平成デモクラシーにおいては、未熟な戦後民主主義の宿題をそろそろ片付ける必要がある。国会議員の本務は派閥争いでも利権誘導でもない、法律を作ることが本来の仕事だ。

宿題その一：２０１８年（平成30年）６月13日、「18歳成人改正民法」が成立した。日本の青年は18歳で選挙権を手にすることとなった。さて、少年法の扱いはどうなるのか。18歳

19歳はもはや少年ではない、立派な青年だ。選挙権という大人の権利だけは与えておいて、民事責任や刑事責任という大人の義務のほうはどうなるのか。民主主義の根幹は自由と責任そして権利と義務のバランスにある。

宿題その二：東アジア情勢は日々緊迫の度を増している。日本国を守るのは日本国民すべての責任だ。日本人は今現在ある平和によって、自由と平等と豊かさを世界で最も享受している。だからこそ、日本国民は当然その平和を守る為の責任を負う。

未熟な戦後民主主義の時代にはキチンと認知されなかった自衛隊員の身分をどうするか。今や21世紀、若き自衛隊員の身分を違憲状態のまま放置してはいけない。彼らの身分を憲法上ハッキリ規定して、彼らが日本国内および国際社会で誇りをもって活躍できるようにすることが、我々年配者の義務であり、すべての日本国民の責任だ。

ロ：官界の平成デモクラシー

未熟な「戦後民主主義」の官僚・公務員の間では「民は寄らしむべし、知らしむべからず」という封建道徳がまかり通っていた。これは「国民には知らせるな、従わせるだけで良い」という、何とも国民をバカにした考えで、ここから「戦後民主主義」における官庁・役所の数々の闇が広がる。官庁・役所ではあらゆる権限が不明確で責任者がハッキリしない。その上、数年で部署が変わる為、責任そのものが曖昧になる。公文書の所在も存在も曖昧で、国民の誰かが公文書の開示を請求しても、中身が黒塗りで何が書いてあるのか分からない「ノリ弁当」が出てくる。国民をバカにするのもいい加減にしろ！

今まで、日本には「公務員が公文書をキチンと管理して、一定期間後には国民にすべて公開する」という思想そのものが無かった。未熟な戦後民主主義の70年間、それこそ「民はよらしめよ、知らしむべからず」のままの状態であった。それが平成の世になり、この度のモリ・カケ問題のドタバタや文科省の不首尾などがキッカケで、公文書管理の問題がやっとクローズアップされるようになったのだ。

そこでようやく、２０１８年（平成30年）６月、「公文書管理監の権限強化」の動きが現れた。これは、不適切な公文書管理の再発防止策として、政府が「独立公文書管理監」の権限を拡大して、全省庁の公文書管理を監督させるという話だ。これも平成デモクラシーの成果の一つと言える。しかし、まだまだ不十分。もっと法整備を進める必要がある。

繰り返しになるが、長野スキーバス事故では、バスの運行会社が違法操業で事故を引き起こした。しかしその前に旅行会社が法定運賃よりも安い料金でのツアーをバス会社に要求していた。監督官庁はそれらの商慣行があることを知りながら見過ごしてしまった。こうした背景があって、前途ある若い人が14人も犠牲になった。

最近では、東京目黒区で５歳の「幼児虐待死事件」があった。これは香川県と東京都の児童相談所が児童虐待の危険性を見落とし、情報共有も不十分だったことから起きた事件だ。我々国民も、役所の在り方を常に見守り情報を共有することで、こうした犠牲者が出ないように見張る必要がある。平成デモクラシーにおいては、公務員の無責任体制が是正され、情報公開の重要性が認識された。ペレストロイカ（改革）とグラスノスチ（情報開示）は、民主主義の大切な車の両輪として世界の常識だ。

ハ：経済界の平成デモクラシー

産業・経済の世界でも未熟な「戦後民主主義」を卒業して、真に民主的な「21世紀型民主主義」を実現する必要がある。日本人は高橋まつりさんの名前を忘れてはいけない。彼女は「滅私奉公」と「絶対服従」を要求する、日本の古い企業体質の犠牲者だった。尊い彼女の犠牲によって、現在進行中の「働き方改革」に始めて魂が込められたのだ。つまり、彼女とそれまでの何人かの犠牲によって、始めて働く人の人権や人命が第一に守られるべき、真に民主的な「働き方改革」が行われた。

２０１８年（平成30年）6月29日、ようやく「働き方改革関連法」が成立した。この「働き方改革」は日本開闢以来、初めて働く人の視点に立った、働く人の為の改革だと言える。明治の近代化以降も戦後民主主義の70年間も、今まではこうした民主的な視点が無く、国民・庶民は常に為政者の道具或いは権力者の僕《しもべ》として扱われてきた。まだまだ法的には未整備のものが沢山あるが、この度の働く人の為の「働き方改革」は平成デモクラシーの最も大きな成果だと言える。

新しい平成デモクラシー時代の企業風土には、滅私奉公ではなく「有私貢献」がふさわしい。社員にとって会社は自己実現の場であり、社員の貢献が会社の利益であり、同時に社員の利益でもあるからだ。上意下達は「下意上達」とセットになって初めて有効に作用する。さらには、批判禁止ではなく「批判歓迎」にしなければならない。これらの新しい精神こそ日本の会社を発展させる新時代のパワーになる筈だ。

ワーク・ライフ・バランスというものが労働者の幸福だけでなく、企業経営上にも有効かつ必要なコストだと、やっと理解されるようになった。女性の労働力が必要ならば、企業内に保育所を設けることが合理的だ。社会全体で見れば、保育所と幼稚園を義務教育化するほうがもっと合理的だ。両親によるネグレクト（育児放棄）や、子供のソーシャリゼーション（社会同化）が今や日本の社会問題となっているからだ。

二：日本の文化・社会の平成デモクラシー

安定した日本経済を支える世界ブランドの日本企業・会社も、未熟な戦後民主主義の時代には、その組織原理は昔の商家とあまり変わらなかった。昔の商家では主人（または主家）の為に、番頭・手代以下、大勢の丁稚・下男・下女達が過酷な身分差別のもとで、ひたすら

「絶対服従」と「滅私奉公」の働きを強要されていた。その身分差別のもとでは、近頃ようやく言語化されるようになったセクハラ・パワハラ・モラハラが盛大に行われていた。そして、それがつい最近の、戦後民主主義の時代まで当たり前であった。

そして、それは実は日本の文化・社会を貫徹する、封建制度の負の遺産であったのだ。武士道において、武士が主君の為に命を捧げるのは美しい。しかし、上士が下士に殉死を要求するのは見苦しい。大石内蔵助は主君浅野内匠頭が切腹したとの報を受けるや、城の金蔵を開き、残された家臣三百名を前にこう言った、「それぞれの禄に見合う支度金（退職金）を渡す。残るも良し、去るも良し」

結果として、二百五十名余りが立ち去り、五十名足らずが残った。あの時、内蔵助が三百名全員に討ち入りを強要していたならば、あの歴史に残る赤穂義士美談は存在しなかった。何故ならば、武士道とは武士の志（自由意思）によってのみ成立する。上から強制されて武士道は成り立たないものだ。だからこそ美しい。

ひるがえって平成時代を見渡すと、武士道を正しく理解できない愚か者が、殿様気取りや親分気取りで、何と愚かなセクハラ・パワハラ・モラハラを盛大に行ったかという実例を、我々は何と数多く目にすることか。アメリカンフットボールにアマチュアボクシング、それ以前の女子レスリング、さらにそれ以前の女子柔道。実は大和なでしこ達はいち早く平成デモクラシーに目覚め、理不尽な女性差別と闘っていたのだ。

これらは日本スポーツ界の不祥事などではない。日本のスポーツ界における平成デモクラシーというべきものだ。平成の世になって、始めてスポーツをする人々が主体的に、スポーツ界の民主化を求めて起こした運動と捉えるべきなのだ。そして、文科省役人の大学教授への天下りとか、複数の私立医科大学受験における女子差別なども問題視され、あらゆる分野で日本の真の民主化を求める国民の声が挙がってきた。

自動車産業において以前の三菱・日産・スバルに続いて、新たにスズキ・マツダ・ヤマハなどで検査不正が発覚した。ものづくりの基礎となるべき鉄鋼産業でも鋼材メーカーの検査データ改ざんが問題になった。近頃では建設産業において免振ゴムメーカーや免振ダンパーメーカーでも検査データ改ざんという不正が問題となった。

これらの不祥事はすべて日本の封建的な体質から発生したものだ。日本の企業は封建的な「上意下達」だけでなく、民主的な「下意上達」を導入すべきだ。平成デモクラシーにおいては、「会社忠義は百害あって一利も無く、社会正義こそ日本国民全員の利益」になる。その意味でも、内部通報者は日本国の法律によってキチンと保護されなければならない。

その為には日本人の、日本文化社会全般にわたる意識改革が必要だ。日本人は人間関係を無意識的に上下の関係として捉えているが、それがそもそもの間違いなのだ。民主主義とは、人間関係を水平の関係として捉えることから始まる。

ところが、会社を始めあらゆる組織はヒエラルキー構造で成立している。そして、すべての業務は上下の伝達で動いている。それは世界中どこでも同じだ。しかし、人間関係が少し違う。欧米の会社・組織では上司と部下の関係は「管理する者・される者」の関係だが、日本の会社・組織での上司と部下の関係は「支配するもの・される者」の関係となる。ここが決定的な違いだ。「上の者が下の者を全人的に支配する」という意識が、700年間続いた日本封建制度の負の遺産だったのだ。この意識は戦後の未熟な民主主義の時代にも温存されてきたのだが、平成デモクラシーの時代にはもう通用しない。人間関係に関する日本人の意識改革が必要だ。

4.6 ② 日本流商法とアメリカ流商法

日本流商法とは誰でも知っている通り、近江商人を始めとする江戸期の商人たちが確立した優れたビジネスモデルのことだ。日本流商法は、利益を独り占めしないという道徳と、利益を広く社会に還元するという哲学によって成立していた。その哲学とは「売り手よし、買い手よし、世間よし」の三方よし、を本質とする。実際に、昔の商店も今の会社も地域社会の支持が無ければビジネスとして成立しない。

この日本的な「三方よし」のビジネスモデルは、その後、幕末から明治・大正・昭和へと連綿として受け継がれてきた。そして、戦後の高度経済成長時代からバブル期頃まではこの「三方よしの精神」が確かに生き残っていた。この時代までは、「日本は一億総中流社会」などと言われ、日本社会の自由と平等のバランスが取れていた。しかし、バブル崩壊以降の長い経済低迷期になって、日本の商業道徳と商業哲学が少しずつ変質してきた。その大きな原因が、アメリカ流商法の影響ではないかと、ジイジは考える。

アメリカ流商法とは、「利益は独り占めする。莫大な利益を得たものが勝利者だ」という単純明快なものだ。このビジネスモデルによれば、資本家だけが利益を独占し、働く人にも、社会にも分け前を渡さない。だから、資本家はますます太り格差は拡大し、一握りの資本家に富が集中して、他は自動的に貧困層に落下する。

それがアメリカ流資本主義の必然的結果であった。儲けるのも自由、貧困になるのも自由。日本人ならば、「社会的弱者ゆえの貧困なのだから、社会保障を充実すべきだ」と考える。しかし、アメリカ人は「貧困になるのは、本人の努力が足りないからだ」と考える。だから貧者の救済は宗教の役目であって、国家の役割ではないのだ。こうしたアメリカ流商法の歴史的背景には当然、奴隷制度や人種差別・宗教差別などが影を落としている。

ところが、アメリカだけではない、近頃は日本でも同様のことが起き始めている。バブル崩壊後の日本でも、「資本主義は自由競争だから、人を押しのけてでも儲けた方が得だ」と考える人が多くなった。日本流商法の「三方よしの精神」が失われつつあるのだ。それが問題だ。近頃の日本でも自分の利益だけで、買い手の利益も世間のことも考えない我儘な企業が多くなった。

例えば、スーパーに行けば、「ポイントカード、ポイントカード!」としつこく連呼される。他の業種も同様に「何たらカード」を作らせて、客の囲い込みに躍起になっている。イギリス産業革命時代のエンクロージャー(囲い込み)は悪いことだと、中学・高校世界史で習ったはずではないか。日本の企業もますますエゴイスティックになり、自分の儲けばかり追求して、客にも世間にも利益を還元しなくなっている。

そうした企業エゴの結果が、日本でも数々の会社や団体の不祥事となって現れている。既に述べた通り、自動車産業、鉄鋼産業、建設産業など枚挙にいとまがない。それらに続いてIT産業においても問題がある。日本のIT企業三社は寡占状態を悪用して、客から高い利用料金を取り続けている。だから、政府が値下げを要求する、などという珍現象が起きている。

そして、企業エゴの最たるものが、最近の「プラットフォーマー」と呼ばれる世界的な巨大IT企業のやり口だ。GAFAと呼ばれる、グーグル・アップル・フェイスブック・アマゾンのことだ。GAFAは圧倒的な力の差を利用して、取引相手に不利な条件を飲ませたり、高い利用料金を要求したり、取引の秘密保持契約を強要したりと、やりたい放題だ。その結果として、当然、世界中のスマホ利用者も割高な料金を払わせられている。それが、アメリカ流商法の「力の資本主義」という正体なのだ。

アメリカ流のハゲタカ資本主義は世界を席巻して、世界中の富をアメリカに集めてしまった。しかもほんの一握りの超富豪が世界の富の半分を独占しているのだという。巨大資本は大資本を支配し、大資本は中資本を支配する。中資本は小資本を支配し、小資本は零細資本を支配する。世界は資本のピラミッド構造の中に組み込まれている。

そして物作りを基本とする実体経済は、金だけを扱う金融経済に支配されている。1980年代頃までは実体経済と金融経済のつり合いが取れていたのだが、21世紀の現在では、金融経済は実体経済の3倍にも膨らんでいるのだという。こうした金融経済の世界支配の潮流を、我々は現代のグローバリズムと呼ぶのだが、トランプさんは逆に自由貿易主義とか地球環境主義のことをグローバリズム呼ばわりしている。

かくして、アメリカ流はすべて「力の資本主義」「力の民主主義」「力による世界平和」ということになり、力が正義であって正義が力なのではない。こうしたアメリカ流「力ずくのやり口」は、建国の歴史から既に始まっている。

18世紀前半、アメリカにおけるイギリスの植民地13州は、本国の産業革命の恩恵を受けて工業化が進み豊かになった。その富はアメリカ西部開拓へのエネルギーとなり、アメリカ人はそれをキリスト教的な「発展の使命」だと感じた。アメリカ大陸には有史以前から多くの原住民が居たのだが、土地所有の概念の無かった彼らは力ずくで狭い居留地に追いやられた。それがフロンティアの現実だった。

１７７６年にイギリスから独立したアメリカ合衆国は、それから僅か70年ほどで太平洋沿岸にまで達した。それは19世紀中頃のことであった。するとフロンティアは海を越えてハワイ諸島や日本列島にまで及んだ。フロンティアとは単なる辺境ではなく莫大な利益の得られるところと理解すべきなのだ。

現在の世界はパクスアメリカーナのお蔭でとりあえず平和を保っている。それはアメリカの艦隊が七つの海を支配しているということで、アメリカのフロンティアが七つの海（つまり世界）にまで広がっているということだ。当然、ロシアも中国もそれが面白くない。世界は一見平和を保ってはいるが、ロシア・中国 vs.アメリカという第二の冷戦は既に始まっている。ロシア・中国にとってアメリカの利益は当然彼らの不利益だから、彼らはアメリカの政策にことごとく横槍を入れる。北朝鮮の非核化問題に関しても、彼らは北に味方して色々と画策しているのが現状だ。

4.7　2018年、米朝首脳会談・世界はどうなる？

2018年6月13日、「米朝首脳会談」がシンガポールで行われた。共同声明の主なポイントは次の3点。①北朝鮮は朝鮮半島の完全な非核化に取り組むと約束した。②アメリカは北朝鮮に対して安全の保証を約束した。③新たな米朝関係を作ると、双方が約束した。

この時点の会談では最も大切な非核化の時期や具体的な方法が決められなかった。それにもかかわらずアメリカが北朝鮮に体制の保証を与えてしまったのは誤算であった、などとアメリカの野党やマスコミが騒いだ。曰く、「完全かつ検証可能で不可逆的な非核化（CVID）」は一体どうなったんだ！

そんなに慌てることはない。交渉事はゆっくり・ジックリ進めるものだ。何しろトランプさんはディール（取引）の名人なのだ。彼は、実はアメリカの外交史上初めてのことを次々とやってのけた。アメリカの大統領が北朝鮮の首脳と直接会談したことも、非核化を巡って双方が文書にサインしたことも、世界史上初めての出来ごとなのだ。

アメリカはまず、自らならず者国家と呼んでいた北朝鮮を、取りあえず普通の国として扱うことにした。世界中のメディアが、両国旗の並ぶ前で両首脳が握手するところを、世界中の人々に見せてくれた。このことにより、北朝鮮は世界の前で体面を保つことが出来たし、アメリカは世界の前で大国としての度量を見せることが出来た。

しかし、大切なのはここからだ。北朝鮮は世界中の人々が見守る中で、「朝鮮半島の非核化に取り組む」と約束してしまったのだ。もう、後戻りすることは出来ない。北朝鮮だけでなく南朝鮮（韓国）も含めての非核化の意味だが、北朝鮮を非核化するという約束には違いない。それに、非核化の時期や具体的な方法についても、アメリカが「完全かつ検証可能で不可逆的な非核化」を実行しない訳がない。アメリカは甘い国ではないのだ。

オバマさんは理性的で情け深い人だったが、トランプさんは独善的で情け容赦ない人だ。ジイジ達が70年昔から見てきたアメリカ人は殆どがトランプさんタイプで、オバマさんタイプは少数派だった。アメリカの本質は今でもあまり変わらない。オバマさんは内政では良い仕事を沢山したが、外交下手だった。反対にトランプさんは内政オンチだが、外交に関しては名人だ、とジイジは思う。

お人好しの日本人には、トランプさんの外交が少々乱暴に見える。しかし、アメリカの議会も産業界も一致してトランプ流外交を支持しているのだ。例えば、現在進行中の米中貿易戦争もただの関税合戦と言う訳ではない。はっきりした理由がある。アメリカは今まで中国を発展途上国だとして、数々の特例扱いを許してきた。しかし、今や中国は経済的にも軍事的にもアメリカを脅かす存在になっている。

貿易赤字は表面上の問題であって、本質は中国による合法的かつ非合法的な知的財産権の侵害ないし盗用にある。例えば、外国の企業が中国国内で何か生産する為には、その企業の持つ知財（特許・技術・ノウハウなど）すべてを中国当局に譲渡しなければならない。それで、お人好しの日本は「新幹線の技術もシステムも」中国に取られてしまった。中国は「その新幹線」を自国のオリジナルだと言い張って、東南アジアやアメリカにまでセールスしている。そういう国なのだ、中国は。

それは、中国がまだ発展途上国だった過去には許された話で、今や中国は経済的にも軍事的にも世界第二位の大国だ。到底許される話ではない。その点をトランプさんは厳しく追及している。もはや問題は経済の話ではなく安全保障上の問題に発展している。しかも、それはアメリカだけではなく日本にとっても最重要の問題なのだ。

２０１８年10月20日、アメリカは約30年前に旧ソ連と交わした「中距離核戦力全廃条約（ＩＮＦ）」を突然破棄すると言い出した。その理由は、①、このＩＮＦ条約を受け継いだ筈のロシアが条約違反して中距離核兵器を作り続けている。②、このＩＮＦ条約に縛られない中国が勝手に中距離核兵器を作りしかも大量に保有している、というものだ。トランプさんは、「アメリカだけがこの条約を守り続ける意味がない」と言った。

このようなトランプさんの言い分に理が有りや無しや？　ジイジはトランプさんに理が有ると思う。今や東アジアは、経済的にも地政学的にも世界で最もホットな地域になっている。経済的に見れば、東アジアには世界第二位中国と第三位日本という経済大国があり、太平洋・インド洋にわたる活発で巨大な自由貿易圏を作ろうとしている。しかし、軍事的に見れば、世界第二位中国と第三位ロシアという軍事大国があり、北朝鮮という厄介者が居る。東アジアは、今や世界で最も危険な地域となっているのだ。

さて、世界は一体どうなることか？　ジイジは不安と希望と両方持っている。

不安材料は、今ここにある東アジアの軍事的緊張のことだ。現実をしっかり見れば、中国もロシアも日本に向けた「中距離核ミサイル」を配備している。北朝鮮も核ではないが日本に向けた「中距離ミサイル」を多数配備している。そんな中国に日本は40年間も「政府開発援助（ＯＤＡ）」を続けてきた。それは日本の中国に対する戦後補償の意味もあるのだが、金額にしてトータル３兆６千億円余りにのぼるという。ようやく、２０１８年10月の「日中首脳会談」で安倍さんはＯＤＡ終了を習近平さんに伝えた。

この少し前だが、プーチンさんが北方４島を棚上げしたまま「日・ロ平和条約」を締結しようと言い出したが、安倍さんは「平和条約より北方４島が先！」と断った。中国もロシアも何と厚かましいではないか。こんな隣人の居る東アジアの日本は何と不幸なことか。まずは、日本に向けた核ミサイルを取り除くことが先ではないのか。

それにしても、日本人は何てお人好しで無防備なんだ。地政学的に見れば、北朝鮮問題は実は中・ロVSアメリカの代理戦争の場となっている。アメリカの利益は中国・ロシアの不利益だから、中・ロはこの問題でも徹底してアメリカの邪魔をする。曰く、北朝鮮は中国の属国であり、ロシアの草刈り場であると。ロシアはあらゆる意味でソ連型に回帰しているし、中国はいわば社会統制型国家資本主義の道に突き進んでいるように見える。

北朝鮮問題は、あの独善的で情け容赦ないトランプさんが意外と賢く解決するかもしれない。そして、北朝鮮は「拉致被害者」全員を日本に帰さない限り、日本から戦後補償の１兆円は決して受け取れないことを知っている。とにかく、平和的解決の話がこじれたら、トランプさんは何をしでかすか分からないのだ。しかし、その後にも中国・ロシア・北朝鮮・韓国・日本の軍事的バランスという難問が残るだろう。

韓国は、事実無根の慰安婦問題を突き付け、あらゆる場面で日本の邪魔をしている。もしそんな事実があったなら、終戦後の「東京裁判」でアメリカが裁かない筈がないではないか。韓国はフィクションで作った借金を日本に背負わせて、竹島の不法占拠や反日運動などを正当化しようとしているのだ。東アジアの隣人たちは皆一筋縄では行かない曲者ぞろいだ。お人好しの日本人も、平和的共存は理想であって敵対的共存が世界の現実だ、ということを理解しなければならない。

希望材料のほうは、世界が民主主義の新しい段階へと進化していることだ。

ＥＵは当初の目標通り各国の協調のもと、３億人の人口とアメリカに対抗できる経済力を達成し、安定成長を続けている。難民流入問題に関してＥＵは植民地時代の負の遺産として人道的に対処しているが、その押し付け「人道主義」が各国には気に入らない。それで、各国に国粋主義がはびこっている。しかし、政治的には民主社会主義が主流で各国とも自由と平等の理想主義を掲げている。それは、ＥＵが「市場社会経済モデル」を示して、市場経済の発展と社会福祉のバランスを取ろうとする努力に現れている。しかし、イギリスはこの理想主義が理解出来ずＥＵからの脱退を決めた。

ロシアはもはやヨーロッパの脅威ではない。ＮＡＴＯ（北大西洋条約機構）は強力で十分に機能している。ロシアはクリミヤ半島が元々ロシアの物だったのを取り返しただけだと言っている。しかし、ロシアはもはやバルト三国を奪う力も大義名分も無い。ドイツはロシアを普通の国として扱い天然ガスのパイプラインを敷設しているが、ロシアもヨーロッパで普通の国として扱ってもらいたいのだ。しかし、残念ながらロシアには言論の自由がない。そして、東アジアのロシアは日本に対してまだ脅威であり続けている。

中国は米中貿易戦争が始まると、俄かに日本にすり寄ってきた。日本はアメリカに遠慮することはない、独自に中国と付き合えば良い。日本もウィンウィンの関係で巨大な中国市場で大いに儲けさせてもらえば良い。その際、中国による「知的財産権」の侵害はもう許さないという強い姿勢が必要だ。今まで中国は自らの発展途上というコンプレックスを隠そうとして、日本に対してわざと居丈高な態度を取り続けてきた。しかし、中国は今や世界第二位の経済大国にして軍事大国なのだ。だから自信をもって、その大国に相応しい紳士の振る舞いを世界に見せてもらいたいものだ。

２０１８年10月の日中首脳会談で安倍さんは「競争から協調へと新しい日中関係を築こう！」と提案した。これに対して、習近平さんはあまり嬉しそうではないが、以前ほどの仏頂面は見せなかった。何しろ中国は米中貿易戦争で経済も為替も危ないのだ。円と人民元のスワップ（通貨交換）再開は中国にとって干天の慈雨となる。それで、習近平さんも「日中は協力のパートナーであり、互いに脅威とならない」という原則を（しぶしぶ？）認めた。

安全保障分野では、自衛隊と中国軍との偶発的衝突を回避する「海空連絡メカニズム」を構築し、ホットラインを早期に開設することを確認した。さらには日中両国で、２００８年以来懸案の「東シナ海ガス田共同開発」の約束を前に進めることも確認した。また、中国が現在進めている「一帯一路」政策も（時代遅れの帝国主義ではないかと）アジア全域で評判が悪い。それで、中国は「一帯一路」を成功させる為には日本の助けが必要だと判断した。安倍さんは第三国のインフラ整備支援の為には以下、①開放性②透明性③経済性④対象国財政健全性の、四つの条件が欠かせないと述べた。中国もこれからは国際法を順守し国際スタンダードを尊重して、普通の国として振る舞う必要がある。

アメリカはＷＴＯ（世界貿易機関）を無視して一国主義を押し通そうとしている。共にアングロサクソンのイギリスとアメリカは我が儘なのだ。両国とも、今まで自分達が主導してきた自由貿易主義や国際協調体制などを、自分達に利益が及ばないと判断するや「グローバリズム」と決め付けて離脱する・脱退すると言い出した。アメリカは先進諸国の中では社会福祉が最も低くて、国民の間に巨大な格差が存在していることが問題だ。しかし、そのアメリカでヨーロッパ流の民主社会主義を掲げる人々が増えてきた。アメリカでは長いあいだ「社会主義」という言葉はタブーであった。

２０１６年の大統領予備選挙でサンダース上院議員は、より穏やかな「民主社会主義」という考え方をアメリカの若い人々に広めた。アメリカは自由主義経済秩序というものを世界中に広めたが、それは結果としてアメリカ人の間に巨大な格差をもたらした。その格差問題を解決するためには戦闘的な社会主義ではなく、より穏やかなヨーロッパ流の民主社会主義が有効だと、ジイジは考える。

ＥＵと日本はすでに（２０１８年9月）、ＥＰＡ（経済連携協定）を結び、お互いの市場を開放して自由貿易を推進すると宣言した。日本もヨーロッパもお互いに古い歴史と洗練された伝統を持ち、自由と平等・民主主義・基本的価値観などを共有している。日本もヨーロッパもそれぞれ社会福祉が充実していて、社会的弱者をいたわるという文化がある。つまり、今やアメリカは世界のモデルではない。ＥＵと日本のＥＰＡに始まる両者の経済と文化の連携こそ新しい世界のモデルとなるのだ。

その意味で安倍さんの外交は正しい。日本は安全保障の面で日米安保を中核にして、日豪・日英・日仏・日印の外交・防衛の連携を深めた。そして、経済の面ではＴＰＰを中心にして日欧ＥＰＡを固め、日中と日印の経済連携を深めた。こうして、日本は中国の「一帯一路政策」を国際ルールのもとで国際標準へと導くことが出来る。第一次大戦終結１００年にして、世界は再びブロック経済に戻ることなどあり得ない。これからは日欧の連携を中心にして、経済・安保の世界規模での重層的連携が進むことになる。

２０１８年秋の国連総会で各国の首脳たちが次々と演説する中で、ジイジが最も注目したのは大国の首脳たちではなく、小国マレーシアのマハティールさんだった。彼は93歳という高齢で再びマレーシアの首相に返り咲いた。第二次世界大戦の生き証人でもある彼が演説の中で訴えたことは、「はるか70年前に勝利した5か国が要求を押し付ける権利はもう無いのだから、米英仏露中だけが拒否権を持つ安全保障理事会は改革されなければならない」というものだった。その通りだ、世界は新しい時代に突入したのだ。個人にも国家にも国連にも自由で平等な新しい民主主義が必要だ。

4.8 里山の秋はせわしい冬支度

美しい紅葉が始まると里山は冬支度で忙しくなる。薪ストーブの為の薪作りは、実は年間を通じての仕事だ。切り倒したばかりの生木は水分が多くて燃えない。だから2年前に切り倒した木を、去年には枝を切り払い、今年になってから薪にした。沢山ある細い枝は手でポキポキ折って焚き付けにする。これがまた結構な仕事だ。そして良く乾いた幹《みき》はチェーンソーで30cmに切り揃えてから鉞《まさかり》作業となる。

まさかりを正眼に構え呼吸を整え、エイヤッとばかりに振り下ろす。パカーンと音がして真っ二つに割れる。何とも気持ちが良いではないか。広い庭の回りは雑木林、澄んだ空気に小鳥の声がひびき渡る。精神が洗われ、魂が清められるような気がする。適度な太さに割った薪を集め、納屋の南側の外壁に並べて積み上げてゆく。腰が痛い、膝が痛い、目がかすむ、薪割りは年寄りにはきつい仕事だ。

秋も深まり落ち葉が降るようになると、軽トラにレーキとフォークを積んで村外れの峠道に向かう。つづら折りの道路には紅葉した落ち葉がうず高く降り積もっている。その落ち葉をレーキで集めフォークで突き刺し軽トラに積み上げる。そして軽トラの上に上がって落ち葉を慣らし、長靴で踏み固める。また降りて、レーキで集めてフォークで積み上げ、この作業を繰り返す。何とも美しい作業であることか。

こうして集めた落ち葉は山の神様のプレゼントで、来年の為の貴重な堆肥となる。里山農場に持ち帰った落ち葉は、斜面の下にビニール波板を敷いた上にうず高く積み上げる。ビニ波板を敷いておかないと、堆肥の中に回りの木々の根が侵入したり、地面の下から熊笹の芽が伸びたりして栄養がみな取られてしまう。

寒さが厳しくなる前に食料もたくさん備蓄しなければならない。米、粉、乾麺、缶詰、インスタント食品。玉ネギは納屋にドッサリある。昔なら、漬物とか魚の干物とかの塩蔵品や乾物類が欠かせない。昔の中国山地は雪深いところで、山間の村々は冬の間中スッポリ雪に埋もれてしまったものだ。道路も雪に埋もれて交通が全く遮断されてしまった。だから、食料と燃料の備蓄は生存に必要な冬支度の重要な仕事であった。

昔なら、スッポリと雪に埋もれた集落では隣人との行き来の為に、人がやっと通れる程の雪道を確保しなければならない。屋根の雪下ろしを怠ると雪の重みで障子や襖の開け閉めが出来なくなる。だから冬の間中、屋根の雪下ろしが重要な作業となる。しかし、これも危険な作業で、年寄りが屋根から落ちて大怪我をするとか、亡くなる場合もある。

冬には、四輪駆動車に四本の冬タイヤが必需品だ。近年では冬場の鳥取や島根の国道で大規模な交通渋滞が発生することがよくある。それも先頭のたった一台の不用意な車、つまり、冬用の装備をしない車の為に、まず数台の渋滞が発生する。そうこうするうちに雪がドンドン降り、たちまち数十台の渋滞になる。こうなると国道も脇道もにっちもさっちも行かない。それは数百台の大渋滞となり気の毒な運転手たちは寒さの中で夜明かしとなる。

近頃の文明の時代になっても、何やら大雪が降って、どこかの町が孤立したとかニュースで大騒ぎになる。昔はそんなこと当たり前の話だった。だから昔の人は二三か月の集落孤立を覚悟して、食料も燃料も1年かけて準備したのだ。今の人は世の中便利になりすぎて、何事にも備えておくという心掛けが希薄になった。

要は、里山の冬支度も国際情勢も同じことなのだ。すべからく、「備えあれば憂いなし!」といって、細心の注意と準備が必要だ。さらに東アジアの軍事情勢を見ても「治に居て乱を忘れず」の心掛けが、平和ボケの日本人には絶対に必要なのだ。

こうして冬支度が整ったころ雪が降り始める。この辺りではクリスマス頃に降った雪が根雪となり、年末から正月にまた何度も雪が降る。時々日差しがあれば雪が減り、また降り積もっては平地で積雪50㎝、山では数メートルぐらい降り積もる。

昔なら、すっかり雪に閉じ込められて暮れから節分の頃まで、ユックリ休んで正月の行事を楽しんだものだ。それは、1年間ずっと辛い農作業をしてきた人々が疲れを癒し、山や海や里の神々に感謝して、また新年の農業にいそしむ為に必要な大切な時間だった。

今の人は、雪に閉じ込められるどころかスキーやスノボーとかのウィンタースポーツで冬のリゾート地は大賑わいだ。しかし里山の住人は今でも雪に閉じ込められることがあるから、電気の照明・通信、石油給湯器、薪ストーブなどエネルギーミックスが肝要だ。どれか一つ止まっても、極寒の中で生き延びなければならないからだ。

しかし、雪は厄介者などではなく、雪こそ山の神様の重要な贈り物なのだ。雪が溶ければ田んぼや畑の大切な水となり、この国の農業の守り神となる。雪を降らせるのは山の神様だが、実は雪そのものが来訪神なのだ。それは、例えば秋田の「なまはげ」のような異形の姿で訪れることもある。しかしそれは紛れもなく、恵みをもたらす来訪神なのだ。春夏秋冬それぞれの季節に、様々な形で来訪神が訪れているのだが、現代の日本人はそのことを感じ取ることが出来なくなっているだけだ。

数万年前この列島が大陸と陸続きであった頃、南方アジアからも北方アジアからも人々が少しずつ渡ってきて原初の日本人を構成した。そして、その人々が1万年前には縄文土器と呼ばれる土器と、石器を巧みに操る優れた文化を生み出した。縄文人たちは狩猟・採集の生活をしながら原始的なアニミズムを信仰していた。それは、すべての植物にも動物にも精霊が宿り、山にも海にも森にも木にも精霊が居るという素朴な信仰であった。

それがやがて山川草木鳥獣すべてに神々が宿る、あるいは神羅万象すべてが神々であるという信仰に進化していった。だから縄文人にとっても、我々現代の日本人にとっても、大自然はそのまま神々であり、神々は我々にすべての恵みも災いももたらす存在であった。こうして日本人の心に、後に八百万の神々と表現される多神教が刻み付けられた。

紀元前3世紀頃、大陸から日本列島に稲作の技術と共にシャーマニズム（巫女信仰）が徐々に伝来してきた。この信仰においては青銅の祭器（楽器）を打ち鳴らして、巫女が精神集中を図り陶酔状態の中で自分自身に神を憑依させ、神々のお告げを聞くというものであった。それが紀元前3世紀頃から紀元3世紀頃まで400年ほど続くうちにだんだんと進化して、やがてプロの神職（神主）が神を呼び寄せて巫女に憑依させるという形に整えられたと思われる。

そしてこの二つの素朴な宗教、つまり山川草木・神羅万象すべてに神々が宿るというアニミズムと神々のお告げを巫女が聞き取るというシャーマニズムが合体して、それはやがて現代につながる日本独特の、神社建築を有する神道へと進化していった。

紀元4世紀頃になると、大陸及び朝鮮半島から鉄の武器と鉄の鎧を身につけた人々の小さな集団が少しずつ海を越えてやってきた。この人々は２００年の間に少しずつ何度も渡ってきて、日本列島のあちこちで小さな国作りを始めた。やがて在来の豪族に伍して、彼らの一部もまた列島各地の豪族になっていった。こうして各地に出現した豪族たちは日本列島の各地に、日本独自の前方後円墳というものを築いた。この間の4世紀と5世紀の日本の様子はよく分からないのだが、一つ確実なことは、彼らは日本列島全体に存在していた原初的な神道を決して破壊しなかった。むしろ、彼らはこの地の宗教に同化して彼ら自身もこの原初的な神道という宗教を大切にしたのだ。

1万年前の縄文時代から連綿と伝えられてきた自然崇拝の宗教こそ、我々日本人の心に染み付いた根源的な宗教そのものなのだ。この自然崇拝の宗教には救済という概念がない、というよりは救済という概念を必要としなかった。何しろ大自然であるところの神々が、直接我々に大自然の恵みも災害ももたらすものだからだ。こうしてみると、6世紀に持ち込まれた仏教も儒教も我々日本人にとってまだ若い宗教だと言わざるを得ない。

大自然に囲まれて生きる田舎暮らしは自由で何と豊かなことか。資産を持っているかとか、封建的な序列や家柄が上位であるかなど、この豊かな自然に囲まれた環境の中では何の意味も成さない。今ある収入の中でやり繰りし、今ある自然環境の中で自由に、生き生きと生きてゆくことにこそ意味がある。

　実は一神教の西欧人にとっても自然は癒しになるのだという。それは例えばケルト人の宗教が自然崇拝であったように、一神教になる以前の原始の世界は自然崇拝の多神教だったのだ。だから、世界中の人々にとって自然は癒しになるのは理の当然。そして世界中の人々が自然環境保護を訴えるのも理の当然。

　里山ジイジは今日も腰が痛い膝が痛いと泣きごと言いながら、小鳥の声に癒され緑の風に癒され、何とか畑を耕している。春になればタラの芽を始め色々な山菜を頂き、秋になればシメジやナメコなどのキノコを頂く。ときどき猪が降りて来て畑を荒らしてくれるけど、こうした穏やかな日々を、いつも里山の神様が見守っていて下さる。

あとがき

著者、里山ジイジは若い頃に15年間ドイツで生活していました。留学などという気の利いた話ではなく、今で言うワーキングホリデー、つまり働いて収入を得ながら旅行も勉強もするという自由な生活を15年間も続けたのです。だから、レストランの皿洗い、ビルの清掃作業、台所用品製造工場、牧場での干し草作り、ブドウ摘みの重労働など数々の仕事を経験しました。これは「職業の自由」を実体験することでした。

ドイツに生活の拠点を置きながらヨーロッパ中を放浪遍歴して、様々な経験や冒険をすることも出来ました。どこの国でも旅行者には優しいが、いざ生活するとなると厳しいものがあります。それでも若い時にヨーロッパの民主主義を肌で感じることが出来ました。その感覚を持ったまま日本に帰国してみると、日本の民主主義に何か違和感を覚えるのです。それは「帰国子女」なら誰でも感じるような文化の違いのようなもの。

そうなのです、「帰国ジイジ」が感じた違和感とは、欧州の民主主義と日本の民主主義との微妙なズレでした。フランス革命以来２３０年の歴史と経験を有するヨーロッパの民主主義と比べたら、日本の民主主義は１９４５年の敗戦から始まってまだ74年間の経験と言うか僅か74年間の試行錯誤しか有りません。

ヨーロッパの民主主義は現在のところEU統合という形で進められています。理想の形には及ばないが大変な努力はしています。そのヨーロッパ型民主主義に比べると、日本型民主主義には根本的な欠陥があります。ジイジの考えでは、その根拠として長い時間つまり歴史的背景がある筈です。

実は日本の民主主義経験は僅か74年しかないのに、その背景には約700年も続いた封建制度があるのです。日本人の心の中には封建的な身分差別意識というものが深く植え付けられています。だから現代日本の民主主義の中にも封建的な身分差別とか男尊女卑とか官尊民卑とか、或いは幕府における大藩至上主義が現代の大企業至上主義と重なるとか、数々の差別意識が日本人の美徳として無意識のうちに根強く残っているのです。

それ故、日本ではあらゆる分野の人間関係が縦の序列として認識され、滅私奉公とか年功序列などが当たり前のこととしてまかり通っています。そのような封建的な身分差別意識を日本人の心から取り去るのにあと74年ぐらいかかるかも知れません。しかし、そのような民主化の努力は平成の世に始まって令和の世に確実に受け継がれています。それが未来への希望なのです。

著者学歴・職歴

1947年（昭和22年）、東京都南多摩郡稲城村にて出生。
稲城町立第三小学校卒業。国分寺第一中学校卒業。
東京都立武蔵高等学校卒業。東京学芸大学卒業。
ドイツ連邦共和国ラインランド・プファルツ州立
マインツ大学大学院修了。
山口県岩国短期大学奉職、キャリアデザイン学科長。

自由で豊かな田舎暮らし、未来へ
―ローカルに生き、グローバルに考える―

2019年9月20日　初版発行

著　者　　里山ジイジ
発行者　　原　雅久
発行所　　株式会社 朝日出版社

〒101-0065 東京都千代田区西神田3-3-5
電話(03)3263-3321

乱丁・落丁本はお取り替えいたします

ISBN978-4-255-01133-2 C0095